我衷心地希望，第五版《世界银行物流绩效指数报告——联结以竞争：全球经济中的贸易物流》能够继续为政策决策者、私企高管，以及其他利益相关者提供有用的知识，使得供应链工作更加有效。

安娜贝尔·冈萨雷斯

世界银行集团贸易与竞争全球实践局高级局长

序　二

世界银行几位专家希望我能为《世界银行物流绩效指数报告（2016）——联结以竞争：全球经济中的贸易物流》中文版作序，为此我粗略阅读了这本报告。自2007年世界银行集团的国际贸易部门编写第一版《世界银行物流绩效指数报告》，至今已经出版了五版，为推动世界物流业的发展研究做出了较大贡献。

《世界银行物流指数报告（2016年）——联结以竞争：全球经济中的贸易物流》综合了全球物流专业人才的经验，汇总了世界各国物流绩效指数（LPI）排名与得分，对2010—2016年的LPI做了趋势分析，并试图通过比较不同国家的综合指标，进而捕捉供应链复杂性，以便在经济增长的多个领域（基础设施规划、服务提供、跨境贸易和运输等）提供有价值的信息。该报告指出，在过去10年中，物流业的发展重点发生了变化，尤其在贸易增长放缓、物流业网络重组和创新的压力增加之后，物流绩效政策的覆盖面由贸易与运输中的边境问题拓展至国内绩效问题。此外，物流业与公共部门还必须应对一系列重大挑战，例如，如何提升物流技能水平和如何适应贸易增长放缓这一情况。供应链的覆盖面与可持续性管理也是当务之急。

物流业是经济发展的支柱产业之一，LPI是经济增长和国家竞争力的标志性指标，LPI为国家物流政策制定者和企业提供了非常有价值的信息，是政府物流政策制定者和企业需要关注的重要指标。高效可靠的物流网络是实现企业与国际市场联结、提高供应链竞争能力的重要手段。供应链非常复杂，但其绩效主要取决于各个国家的特点，尤其是保持物流良好运作的软、硬基础设施。

LPI在我国的调查结果基本反映了我国物流业发展运行的总体情况，与货运量、快递业务量、港口货物吞吐量等物流相关指标，以及工业生产、进出口贸易、固定资产投资、货币投放等相关经济指标具有较高的关联性。LPI调查数据丰富了物流统计指标体系，有效弥补了现行物流统计的不足，增加了观察、分析、预测我国物流业运行发展趋势的新视角，为进一步加强物流运行与国民经济的关联性研究奠定了基础，为指导企业生产经营与投资等活动提供了依据。

2016年，中国LPI评分为3.66，排名第27位，在金砖国家中排名首位，在发展中国家也居前列，与前四版的LPI评分相比呈稳步上涨趋势，并被划分在最顶部五分区，属于高绩效国家。这表明我国物流整体发展进步较快、发展趋势良好。近年来，我国在物流基础设施建设和国际货运方面有了较大进步，但作为世界第二大经济体在物流服务的竞争力与质量、追踪与追溯货物运输的能力和货物运输在既定或预期交付时间内的到货率等管理方面与我们周边国家或地区（如新加坡、日本、韩国、中国台湾、中国香港等）有明显差距，与LPI排名前10名的国家或地区（德国、卢森堡、瑞士、荷兰、新加坡、比利时、奥地利、英国、中国香港、美国）存在较大差距，说明我们还有非常大的发展空间。

2016年我国社会物流总额229.7万亿元，按可比价格计算，比2015年增长6.1%，增速比2015年提高0.3个百分点。2016年社会物流总费用11.1万亿元，比2015年增长2.9%，增速虽比2015年提高0.1个百分点，但明显低于社会物流总额、GDP增速。2016年社会物流总费用与GDP的比率为14.9%，比2015年下降1.1个百分点。目前，我国经济正处于全面建成小康社会的决胜阶段，也是推进供给侧结构性改革的攻坚阶段。希望2016版《世界银行物流绩效指数报告》能为我国的物流政策决策者提供相应的助力，为我国物流行业的转型升级和“十三五”的物流业的发展发挥应有的作用！

是为序。

何黎明

2017年5月

前　言

很荣幸能够被邀请为新版 LPI 报告以国际货运代理协会（FIATA）会长的角度撰写前言。该报告是政策决策者制订物流能力与质量决策的一种非常有用的工具。作为一种决策工具，LPI 非常独特，因为它可以表达地面运营商的感知，这种感知通常与统计数据一样重要。

在代表货运代理商和物流服务提供商方面，FIATA 很高兴能够为 2016 年版 LPI 报告出一分力，我们感谢 LPI 团队对我们一如既往的信任。

LPI 为全球各地政府、非政府组织和私人企业的政策选择方面提供帮助，货运代理的重要性日益凸显，物流产业已成为全球贸易和商业的固有工具。没有贸易能离开物流，较差的物流通常意味着贸易萧条。我们必须谨记，跨境运输货物并非物流绩效的核心，物流绩效需要整个供应链内诸多因素的整合。

我们面临的挑战在于，无论是在公共部门还是在私营企业，均需确保能够让政策决策者看到 LPI 及其所蕴含的所有的市场信息，以避免公共部门误解私营企业的需求。在这方面，大型全球性组织（如 FIATA）的作用至关重要。

我们相信政策决策者会很好地领会 2016 年版 LPI 报告，私营企业决策者也是如此。FIATA 感谢对此次报告提供信息并给予支持的成员国，并由衷地感谢世界银行给我们机会为此宝贵的活动贡献自己的微薄之力。

赵沪湘

国际货运代理协会（FIATA）会长

致　谢

本报告在世界银行安娜贝尔·冈萨雷斯（高级局长）和若泽·吉耶尔梅·莱斯（副局长）的领导下，由全球贸易团队编撰。项目主管为让－弗朗索瓦·阿维斯（Jarvisl@ worldbank. org）和丹尼尔·萨斯拉夫斯基（dsaslavsky@ worldbank. org），作者还包括劳里·奥加拉教授（图尔库大学图尔库经济学院，Lauri. ojala@ utu. fi）、本·谢泼德（发展贸易顾问有限公司主要负责人，ben@ developing－trade. com）、阿纳苏亚·拉杰（anasuyaraj. 14 @ gmail. com）、克里斯蒂娜·布施（cbusch @ worldbank. org）和塔皮奥·瑙拉（tapio. naula@ tradelogistics. fi）。卡罗琳娜·蒙萨尔韦和卡迈勒·西布里尼为本版报告项目概念说明的审稿人。

如果没有国际货运代理协会（http：//fiata. com）FIATA 总干事兼 CEO（首席执行官）Marco Sorgetti 的支持与参与，LPI 调查将无法实现。国际货运代理协会和全球众多大、中、小型物流公司也为调查提供了帮助。该调查由芬兰图尔库大学图尔库经济学院（http：//www. utu. fi/en/）设计，图尔库经济学院自 2000 年以来一直与世界银行共同致力于概念研究。

作者们还要感谢外部同事在联络代理协会和为本报告提供录入方面所提供的支持和贡献，他们包括露丝·帕依荣（Ruth Banomyong）（泰国国立政法大学）、尼科莱特·万德尔·贾格特（Nicolette Van der Jagt）（CLECAT，欧洲货运代理、运输、物流和海关服务协会）和恺撒·拉瓦勒（Cesar Lavalle）（ILOS，巴西物流与供应链研究所）。简·哈文戈（Jan Havenga）（南非斯坦陵布什大学物流系）提供了关于南非物流晴雨表的录入工作。BlueTundra. com 的丹尼尔·克雷默在其核心团队的指导下，设计、开发并维护了提供 LPI 问卷调查及其结果的网站。世界银行信息解决方案集团的司考特·约翰逊为团队发放调查问卷提供了帮助。该报告由通信发展公司编辑、设计并排版。

作者在此感谢全球数百名参与问卷调查的国际货运代理及快递公司工作人员，他们的参与对于报告的质量和项目的可信度至关重要。他们的持续反馈对于我们将来进一步研究和改进问卷调查及 LPI 报告具有非常重要的作用。

目录

Contents

表框

图

表

总　览

2016 年 LPI 排名与得分

经济体	2016 年 LPI 排名	得分	最佳绩效国家（地区）的百分比（%）	经济体	2016 年 LPI 排名	得分	最佳绩效国家（地区）的百分比（%）	经济体	2016 年 LPI 排名	得分	最佳绩效国家（地区）的百分比（%）
德国	1	4.23	100.0	爱尔兰	18	3.79	86.6	印度	35	3.42	75.0
卢森堡	2	4.22	99.8	澳大利亚	19	3.79	86.6	葡萄牙	36	3.41	74.7
瑞典	3	4.20	99.3	南非	20	3.78	86.0	新西兰	37	3.39	74.0
荷兰	4	4.19	98.8	意大利	21	3.76	85.4	爱沙尼亚	38	3.36	73.3
新加坡	5	4.14	97.4	挪威	22	3.73	84.7	冰岛	39	3.35	72.7
比利时	6	4.11	96.4	西班牙	23	3.73	84.5	巴拿马	40	3.34	72.5
奥地利	7	4.10	96.0	韩国	24	3.72	84.2	斯洛伐克	41	3.34	72.4
英国	8	4.07	95.2	中国台湾	25	3.70	83.3	肯尼亚	42	3.33	72.3
中国香港	9	4.07	95.1	捷克	26	3.67	82.9	拉脱维亚	43	3.33	172.1
美国	10	3.99	92.8	中国	27	3.66	82.5	巴林	44	3.31	71.7
瑞士	11	3.99	92.6	以色列	28	3.66	82.5	泰国	45	3.26	69.9
日本	12	3.97	92.1	立陶宛	29	3.63	81.6	智利	46	3.25	69.7
阿拉伯联合酋长国	13	3.94	91.2	卡塔尔	30	3.60	80.6	希腊	47	3.24	69.4
加拿大	14	3.93	90.8	匈牙利	31	3.43	75.3	阿曼	48	3.23	69.3
芬兰	15	3.92	90.5	马来西亚	32	3.43	75.2	埃及	49	3.18	67.7
法国	16	3.90	89.9	波兰	33	3.43	75.2	斯洛文尼亚	50	3.18	67.7
丹麦	17	3.82	87.3	土耳其	34	3.42	75.1	克罗地亚	51	3.16	67.0

续　表

2016年LPI				2016年LPI				2016年LPI			
经济体	排名	得分	最佳绩效国家（地区）的百分比（%）	经济体	排名	得分	最佳绩效国家（地区）的百分比（%）	经济体	排名	得分	最佳绩效国家（地区）的百分比（%）
沙特阿拉伯	52	3.16	66.8	文莱	70	2.87	58.0	加纳	88	2.66	51.5
科威特	53	3.15	66.7	菲律宾	71	2.86	57.5	哥斯达黎加	89	2.65	51.1
墨西哥	54	3.11	65.5	保加利亚	72	2.81	56.0	尼日利亚	90	2.63	50.5
巴西	55	3.09	64.7	柬埔寨	73	2.80	55.8	多米尼加	91	2.63	50.4
马耳他	56	3.07	64.1	厄瓜多尔	74	2.78	55.1	多哥	92	2.62	50.1
博茨瓦纳	57	3.05	63.4	阿尔及利亚	75	2.77	54.9	摩尔多瓦	93	2.61	50.0
乌干达	58	3.04	63.3	塞尔维亚	76	2.76	54.6	哥伦比亚	94	2.61	50.0
塞浦路斯	59	3.00	62.0	哈萨克斯坦	77	2.75	54.3	科特迪瓦	95	2.60	49.7
罗马尼亚	60	2.99	61.8	巴哈马	78	2.75	54.2	伊朗	96	2.60	49.6
坦桑尼亚	61	2.99	61.7	纳米比亚	79	2.74	54.1	波斯尼亚和黑塞哥维那	97	2.60	49.5
卢旺达	62	2.99	61.6	乌克兰	80	2.74	53.8	科摩罗	98	2.58	49.0
印度尼西亚	63	2.98	61.5	布基纳法索	81	2.73	53.7	俄罗斯	99	2.57	48.7
越南	64	2.98	61.3	黎巴嫩	82	2.72	53.2	尼日尔	100	2.56	48.4
乌拉圭	65	2.97	61.2	萨尔瓦多	83	2.71	52.9	巴拉圭	101	2.56	48.4
阿根廷	66	2.96	60.8	莫桑比克	84	2.68	52.2	尼加拉瓜	102	2.53	47.5
约旦	67	2.96	60.7	圭亚那	85	2.67	51.7	苏丹	103	2.53	47.4
巴基斯坦	68	2.92	59.6	摩洛哥	86	2.67	51.6	马尔代夫	104	2.51	46.9
秘鲁	69	2.89	58.7	孟加拉国	87	2.66	51.6	巴布亚新几内亚	105	2.51	46.8

续 表

2016年LPI				2016年LPI				2016年LPI			
经济体	排名	得分	最佳绩效国家（地区）的百分比（%）	经济体	排名	得分	最佳绩效国家（地区）的百分比（%）	经济体	排名	得分	最佳绩效国家（地区）的百分比（%）
马其顿	106	2. 51	46. 8	刚果（布）	125	2. 38	42. 7	厄立特里亚	144	2. 17	36. 3
布隆迪	107	2. 51	46. 8	埃塞俄比亚	126	2. 38	42. 7	乍得	145	2. 16	36. 1
蒙古	108	2. 51	46. 7	刚果（金）	127	2. 38	42. 6	吉尔吉斯斯坦	146	2. 16	35. 8
马里	109	2. 50	46. 6	几内亚比绍	128	2. 37	42. 5	马达加斯加	147	2. 15	35. 8
突尼斯	110	2. 50	46. 4	几内亚	129	2. 36	42. 1	喀麦隆	148	2. 15	35. 7
危地马拉	111	2. 48	45. 8	格鲁吉亚	130	2. 35	41. 9	伊拉克	149	2. 15	35. 6
洪都拉斯	112	2. 46	45. 3	古巴	131	2. 35	41. 7	阿富汗	150	2. 14	35. 4
缅甸	113	2. 46	45. 2	塞内加尔	132	2. 33	41. 2	津巴布韦	151	2. 08	33. 6
赞比亚	114	2. 43	44. 3	圣多美和普林西比	133	2. 33	41. 1	老挝	152	2. 07	33. 1
贝宁	115	2. 43	44. 3	吉布提	134	2. 32	41. 0	塔吉克斯坦	153	2. 06	32. 9
所罗门群岛	116	2. 42	43. 9	不丹	135	2. 32	41. 0	莱索托	154	2. 03	31. 8
阿尔巴尼亚	117	2. 41	43. 8	斐济	136	2. 32	40. 8	塞拉利昂	155	2. 03	31. 8
乌兹别克斯坦	118	2. 40	43. 5	利比亚	137	2. 26	39. 2	赤道新几内亚	156	1. 88	27. 3
牙买加	119	2. 40	43. 4	玻利维亚	138	2. 25	38. 8	毛里塔尼亚	157	1. 87	26. 8
白俄罗斯	120	2. 40	43. 4	安哥拉	139	2. 24	38. 5	索马里	158	1. 75	23. 2
特立尼达和多巴哥	121	2. 40	43. 3	土库曼斯坦	140	2. 21	37. 6	海地	159	1. 72	22. 2
委内瑞拉	122	2. 39	43. 1	亚美尼亚	141	2. 21	37. 4	叙利亚	160	1. 60	18. 5
黑山	123	2. 38	42. 8	利比里亚	142	2. 20	37. 3				
尼泊尔	124	2. 38	42. 7	加蓬	143	2. 19	36. 9				

概要与主要研究发现

无论是国际贸易还是国内贸易，物流绩效指数（LPI）均为经济增长和国家竞争力提升的核心，目前物流业已被视为经济发展的核心支柱之一。无论是物流绩效最佳国家的政策决策者，还是新兴国家的政策决策者，均已日益认识到，必须实施连贯一致的政策，促进作为经济增长重要的无缝且可持续的供应链运作。

高效的物流通过可靠的供应链网络将企业与国际市场连接起来。相反，物流绩效较低国家所需要的成本较高，这不仅是因为运输成本较高，还因为供应链可靠性较差，这是全球价值链整合与竞争中的主要问题。供应链非常复杂，但其绩效主要取决于各个国家的特点，尤其是保持物流良好运作（如进口、法规、手续和运转）的软、硬基础设施。

在本版中，物流绩效指数（LPI）综合了全球物流专业人才的经验，并试图通过比较不同国家的综合指标，进而捕捉供应链复杂性。在经济增长和多个领域（例如基础设施规划、服务提供和跨境贸易和运输便利性），LPI 为政策决策者、贸易商和其他利益相关者（包括研究人员和学者）制订物流相关政策提供了非常有价值的信息。

物流绩效顶部趋于收敛，但绩效最差与最佳国家的差距正在扩大

《世界银行物流绩效指数报告（2016 年）——联结以竞争：全球经济中的贸易物流》的调查结果显示，以五分制进行评分，德国仍是绩效最佳的国家，其 LPI 评分为 4.23 分，叙利亚为绩效最差的国家，其 LPI 评分为 1.60 分（仅相当于德国 LPI 评分的 19%）。绩效最佳和最差国家之间的收敛趋势似乎略有逆转，这种趋势在前四版 LPI 调查（2007 年、2010 年、2012 年和 2014 年）中已有体现。每个五分区中的平均得分表明，前两个五分区和最底部五分区国家物流绩效之间的差距再次扩大（如图 0.1 所示）。

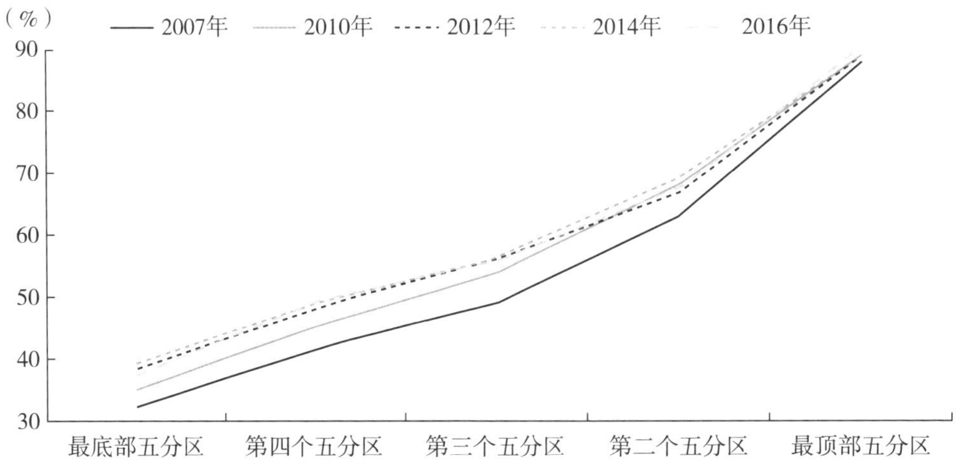

图 0.1　2007 年、2010 年、2012 年、2014 年、2016 年作为最高 LPI 分值百分比的 LPI 分值（根据 LPI 五分法）

中等偏低收入国家在贸易支持性基础设施（以及在较低程度上，这些国家的物流服务和海关及边境管理）方面的改善解释了为什么自2007年LPI报告起开始出现适度收敛。对于大多数参与排名的国家来说可能仍然成立。但在2016年，最顶部五分区国家的历史最高平均得分（2016年4.13分）与最底部五分区国家的最低平均得分（2007年为1.84分，2016年为1.91分）表明最顶部五分区和最底部五分区之间差距进一步扩大如表0.1所示。

表0.1　　排名前十位和后十位国家的平均LPI评分（2007—2016年）

指标	2007年	2010年	2012年	2014年	2016年
前十名国家平均LPI评分（分）	4.06	4.01	4.01	3.99	4.13
后十名国家平均LPI评分（分）	1.84	2.06	2.00	2.06	1.91

资料来源：2007年、2010年、2012年、2014年、2016年物流绩效指数。

在关于国内贸易和运输基础设施质量方面的评级中也可见发展速度仍存在差异。在国内部分的LPI问卷调查中，我们要求受访者对自2014年以来上述方面的改善程度进行评估。尽管前两个五分区中大约60%的受访者认为，与2014年相比，2016年状况有所改进或大幅改进，但在最底部五分区和第三个、第四个五分区中仅有1/3和不足一半的受访者认同上述观点。

物流绩效获取的不仅仅是收入，这与2007年的首版LPI报告的结论一致。国际供应链由跨地区的贸易国家组成，旨在提供服务和发起贸易便利化倡议并在相应地区施行。基于对上述机制的反思，LPI数据表明物流绩效在综合分区内非常一致。例如，西非和中非的物流绩效低于南非或东非，后者致力于显著提高贸易走廊效率。由于整合度较低、政治动荡和安全问题，北非和中东的发展中国家在物流绩效方面所达到的水平与其收入水平不相符。在南亚，整合度不足意味着印度良好的物流绩效并不会带动其邻国提高物流绩效。同时，东亚经济体的物流绩效一直较好。

供应链可靠性与服务质量是所有绩效团体的核心目标

无论是发达国家还是发展中国家，其物流企业均非常愿意提供可预测的货运服务。在贸易商和物流供应商看来，供应链可靠性仍是备受关注的问题。在全球化环境背景下，收货方需要高度确定何时交货以及如何交货，这远比送货速度更重要。可预测性也会产生溢价，但许多发货人很乐意支付这一溢价。换句话说，供应链可预测性不仅事关时间与成本，而且与货运质量息息相关。在最顶部LPI五分区中，仅有13%的货运未能满足公司的质量标准，与2014年的比例持平。相比而言，在最底部五分区，这一数字接近最顶部五分区的3倍，有35%的货运未能满足公司质量标准。这一发现再次表明，在供应链效率与可靠性中，物流鸿沟真实且持续存在。

对于大多数发展中国家而言，基础设施建设对于保证基本联结大有裨益，这在自2007年开始发布的LPI报告中一直有所体现。某些类型基础设施的质量似乎在所有版本 LPI 报告中均遵循类似的模式。在所有受访者中，信息与通信技术（ICT）基础设施质量的评分最高，在这一点上，物流绩效最低和最高国家的差距最小。相反，人们对铁路基础设施的满意度仍然较低。满意度差异最大的方面是仓储与转运基础设施：最顶部 LPI 五分区中有 65% 的受访者认为上述基础设施质量高或非常高，但在最底部五分区仅有 13% 的受访者持此相同观点。其他类型基础设施的评分因地区不同而存在差异。

人们在全球不同的环境下提供贸易物流服务。和 2014 年一样，我们发现人们通常认为物流企业提供的服务质量要好于物流企业运营的相应基础设施的质量。受访者的来源可能在一定程度上解释了这一点，即货运代理和物流企业给他们自己的服务评分。尽管如此，但各个版本 LPI 报告之间从反馈得出的模式非常不统一：国际业务越多，其得分往往也越高，即使存在基础设施上的障碍。与此同时，几乎所有地区的铁路评分仍然较低。低收入国家的公路货运得分仍然较低。

基础设施感知质量水平相近，但服务质量却存在本质区别，这表明即使是优质的硬基础设施也无法取代卓越的运营水平，运营水平取决于服务提供商的专业技能、功能完善的软基础设施，以及完美的业务与管理流程。我们将在第三部分对此进行探讨。

贸易与运输便利化对于低绩效国家至关重要

高效的边境清关手续对于消除可避免的延误和提高供应链可预测性至关重要。为此，政府部门需要在促进贸易发展的同时保护公众免受有害活动的侵害，这些有害活动包括健康危害、犯罪与恐怖主义。未来将会有更多的国家认识到促进贸易与保护公众利益这两大目标是政策决策者和政府当局的一大挑战，尤其是在绩效较低的国家，在这些国家延误和不可预见成本更为常见。和之前各版本的 LPI 报告一样，本版也发现缺乏友好物流环境国家的边境通关时间往往较长。

2016 年 LPI 报告（第二部分）表明，人们日益认识到支持发展中国家贸易便利化改革的重要性，贸易便利化工具与原则在许多国家已深入人心。需要继续关注政府控制机构间的协调，包括向自动化流程引入最佳以及非海关控制机构风险管理，这些方面很少进行改革。因此，海关机构再次获得了比 LPI 调查国内部分其他机构（如卫生与动植物检疫控制机构以及那些强制推行货物质量与技术标准的机构）高得多的 LPI 评分。

然而，在那些最为需要国际社会关注的物流受阻国家，贸易与运输改革非常滞后。而且，其邻国经常也会面临严重的治理难题（例如，目前存在冲突或冲突后国家以及脆弱国家）。由于其与全球市场的联结性受到其经济规模和地理位置的严重制约，许多内陆发展中国家和小型岛国也是如此。存在已久但几乎完全尚未解决的难题（如棘手的地区过境制度）已经严重妨碍了这些国家。鉴于目前许多国家已经建有基本的联结基础设施，施行合理便利化政策对于未来的发展仍非常关键。

如果国家具有强烈的政治意愿，并努力付诸实施行政改革，那么也可以达成相对快速的发展。例如，北部走廊就是这种情况，它将布隆迪、卢旺达和乌干达与肯尼亚蒙巴萨港相连接并包含刚果（布）、南苏丹和坦桑尼亚东部部分领土（见第三部分）。该地区在硬基础设施项目完工之前已经实施了某些具有重要意义的贸易与运输软基础设施改革。这些软改革提供了比硬基础设施更高、更迅速的投资回报。

物流友好国家面临的复杂情况、新政策关切和竞争压力

自2007年开始发布的LPI报告表明，较高的服务质量正在提高新兴和较富裕国家的物流绩效，但同第三方或第四方物流一样，服务质量的提升是一项非常复杂的政策议程。因为较为先进优质的服务不是一朝一夕可达到的，有时还须建立海外联系。在物流友好国家，生产商和贸易商已经将大量基本运输和物流运营外包给了第三方提供商，以专注其核心业务，同时管理更为复杂的供应链。这类高级服务价格成本比率越合理，承运人外包的物流越多。当前国际贸易环境（相对于2008—2009年金融危机之前结构性放缓的增长模式）给物流业带来了巨大压力，这也会提高物流业的质量并推动创新。

2016年的调查报告肯定了政策议程正变得日益复杂。对环境友好型物流解决方案或绿色物流的需求正逐渐成为大多数先进物流环境的共同特点（第三部分）。最顶部五分区中有2/5的调查受访者认同这是一项主要问题。2016年的调查引入了一组关于技能与物流劳动力的新问题，尽管不同国家和职位描述间存在差异，但调查结果仍凸显了熟练劳动力短缺的问题。

因此，对跨越众多政策层面的一贯政策的需求日益迫切，尤其是高收入和中等收入国家。大型新兴经济体或发达经济体的政策决策者不必像低绩效国家那样需要处理很多的边境问题，而是需要处理国内供应链的内部绩效（这在LPI指数中未能很好地体现）。综合策略不仅越来越关注成本来源，而且更加重视在经济方面足迹较大，同时又与环境、就业、土地使用、城市规划和其他问题相关联的领域。

越来越多的国家选择了这条路，然而并不好走。牵涉多个利益方的改革实施起来步伐可能较为缓慢。除在低收入国家外，许多国家已经开始实施短期、高效的干预措施。将监管改革与投资规划、机构间协调和经营者激励结合起来的国家成功地进行了改革。政策决策和监督需要详尽、准确的数据。越来越多的大型数据集乃至大数据均提供了一个新的机遇，但仅有几个国家抓住了这一机遇，如加拿大和南非。

* * *

物流绩效取决于是否能够向贸易商提供可靠供应链和可预测服务。全球供应链变得越来越复杂，而且更加需要安全法规、社会法规、环境法规，以及影响贸易商

与经营者的其他法规。私营与公共部门的高效管理与信息技术（IT）解决方案均为贸易与优质物流的重要工具。在当今全球经营环境中，管理物流过程的能力也是国家竞争力的一项关键因素。

当今比以往任何时候都更加需要政策决策者和私营利益相关方做出综合性改革与长期承诺。本版LPI报告为了解全球范围内关键物流障碍和制订灵活的政策及经营决策提供了最新的参考资料。

第一部分

2016年物流绩效指数

法国物流绩效是全球较高的国家之一，营业额高达 2000 亿欧元，占全国 GDP 的 10%，提供了 180 万个工作岗位，这是我们竞争力的一项决定性因素。我们的国家以劳动质量、基础设施网络、设备及土地利用率而闻名，但这一地位并非是理所当然的，法国需要进一步努力以成为世界的领先者。法国在 2014 年全球物流绩效排名（世界银行 LPI 报告）中仅排在第 13 位，位于我们最近的邻国之后，物流绩效不佳每年给我们经济造成的损失在 200 亿 ~600 亿欧元之间。

——法国政府公报

2016 年 3 月①

引用的这段文字是一个主要经济体法国将物流看作一个政策问题并制订涉及公共机构和私营企业综合性策略的例子。法国借鉴了许多其他先进经济体（例如，加拿大、芬兰、德国和荷兰）和新兴发展中经济体（例如，中国、印度尼西亚、墨西哥、摩洛哥、南非、泰国和土耳其）的经验。

物流是指有助于运输货物并建立跨境和境内供应链的一系列服务与活动，如运输、仓储、报关。虽然这些服务与活动是由私营企业为其自身利益所开展的，但提供服务和供应链效率取决于众多领域中公共部门提供的经费和设备以及干预措施。物流依赖于公众基础设施，国际贸易通过边境管理机构进行，服务与物流活动根据财政、环境、安全、土地利用与竞争的目标进行调整。自 2007 年发布初版 LPI 报告以来，已得到广泛共识：这些属性均可囊括于物流绩效的概念。不同经济体之间物流绩效存在差异，并受政策的影响。

前面引用的法国政府公报的文字也囊括了当前物流策略的两个主要目标。首先，物流对于众多经济（即工业、商业，等）来说是一项投入，物流绩效可影响其他部门的生产力。而且，在全球性或地区性高度联结并期望起到物流和贸易中心作用的国家或地区（如欧洲的荷兰和亚洲的迪拜和新加坡），物流可作为一项发展性行业。

基准指标，如物流绩效指数（LPI），在物流相关改革趋势的报道上起到了重要作用。综合指标可能无法体现供应链经营的复杂性和多样性，仅对某些方面进行了展现。例如 LPI 本身就是专门设计用于审查供应链的边境部分，因为在 2007 年 LPI 提出之初贸易和运输便利化就是重点改革领域。虽然 LPI 在涵盖国内问题（如环境可持续性或劳动力及技能不足）方面做出了一定的改进，但 LPI 并不太适用于衡量国内物流的绩效。

本报告由三部分组成。第一部分介绍了 LPI 及其主要跨国指数和趋势。第二部分阐述了国内政策模式与优势，并展示了在众多层面中物流绩效是如何变化的。第三部分也是最后一部分，审视了政策的施行和新兴政策面临的挑战。

---

① Royal，Macron 和 Vidalies，2016.

2016 年调查的新特点

2016 年 LPI 问卷调查沿用了前四个版本所采用的方法：一份包含两个主要部分（国际部分和国内部分）的标准化问卷调查。在国际部分问卷调查中，受访者对其主要海外市场（最多8个）物流绩效的6个核心要素进行了评价（表框1.1）。在国内部分问卷调查中，我们要求受访者提供关于他们工作所在国家物流环境的定性与量化数据。

表框 1.1　使用物流绩效指数

世界银行物流绩效指数（LPI）从六个构成要素对各个国家进行分析：

- 海关与边境管理清关的效率（海关）；
- 贸易与运输基础设施的质量（基础设施）；
- 安排具有竞争性价格货运的便利性（安排货运的便利性）；
- 物流服务（货运、代理和海关报关）的竞争力与质量（物流服务质量）；
- 追踪与追溯货物运输的能力（追踪与追溯）；
- 货物运输在既定或预期交付时间内的到货率（及时性）；

这些要素基于近期的理论和实证研究以及从事国际货运代理业务的物流专业人士的实践经验而确定，根据数据下图将上述六大 LPI 指标分为两大类进行描绘：

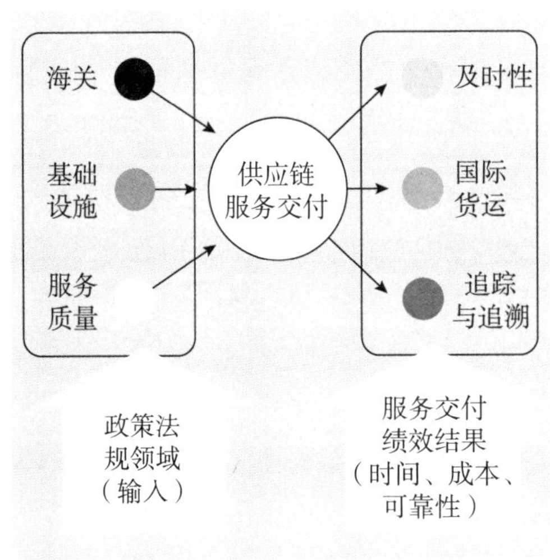

- 政策法规领域，显示了对供应链（海关、基础设施和服务质量）的主要输入项；
- 供应链绩效结果（对应 LPI 指标中的时间、成本、可靠性：及时性、国际货运以及追踪与追溯）。

LPI 采用标准统计技术将数据统合到单个指标内[1]（参见附录 5，对 LPI 计算方法有详细描述）。这一单个指标可以用来对不同国家、地区和收入组别进行比较。此外，它还可应用于国家层面的研究中。

由于陆上运营公司可以对物流绩效的上述关键方面做出最佳评估，因此 LPI 依赖于全球货运公司物流专业人士的结构化在线调查：跨国货运代理公司和主要的快运公司。货运代理公司和快运公司是最有能力评估各个国家绩效表现的公司，他们的观点非常重要，直接影响到货运路线、通道的选择，并会对公司的生产地点、供应商选择和目标市场选择等方面的决策施加影响。他们的参与对于 LPI 报告的质量和可靠性具有极为重要的意义，同时，他们的参与和反馈对于制订和改进第五版 LPI 调查发挥了重要作用。2016 年有 1051 名物流专业人士参与了 LPI 问卷调查。

关于 2016 年 LPI 调查问卷，详见 http：//lpi. worldbank. org/。

注释：

1. 在所有五个版本的 LPI 报告（2007 年、2010 年、2012 年、2014 年和 2016 年）中，数据统计汇总产生了一个综合指标，该指标接近各个国家六个 LPI 构成要素的简单平均值。

2016 年，物流专业人士一共给出了 7000 多份国家评估，这与前两版 LPI 报告相一致（见表框 1.2）。此外，本版 LPI 报告国际 LPI 中涵盖了 160 个国家，而国内 LPI 报告至少涵盖了 125 个国家。今年的调查试图归纳出全球范围内物流实践的新发展趋势，如洞察物流技能、为物流业招聘合格员工的难题。和之前几版 LPI 报道一样，本版包括了一道关于对环境友好物流解决方案的需要程度的问题。

表框 1.2 LPI 评分与排名的准确度如何？

尽管目前 LPI 及其构成要素为国家层面的物流和贸易便利化环境提供了综合性和可比较性的数据，但其有效性仅限于特定的领域。

首先，国际货运代理商的经验也许并不能代表贫穷国家中更为广阔的物流环境（它们通常依赖于传统运营商）。国际运营商和传统运营商在与政府打交道时存在差异，其服务水平也同样存在差异。发展中国家国际网络中大多数代理商和分支机构均可为大型公司提供服务，且绩效水平不同（包括时间和成本），这不同于传统贸易网络。

其次，对于内陆国家和小型岛屿国家而言，LPI 报告也许可以反映其他国家的准入问题，如过境困难。内陆国家（如老挝）的低得分可能无法充分反映其在贸易便利性改革方面所做的努力，因为他们仍然依赖于主要通过泰国和越南的国际运输线路。

为说明以 LPI 调查为基础的数据集产生的采样误差，LPI 评分采用了大约 80% 的置信区间（参见附录 5）。这些置信区间界定了一个国家 LPI 评分与排名的上限与下限[1]。对置信区间必须进行仔细考察，以确定 LPI 评分的变化或两个分值之间是否存在统计学显著差异。只有当一个国家 2016 年 LPI 评分下限超过 2014 年 LPI 评分下限时，才能认为其物流绩效存在统计学显著差异。

由于 LPI 的调查方法存在一定的抽样误差，因而一个国家的精确排名与政策决策者的相关性，可能没有该国在更广泛绩效组别中与其他国家的接近性或统计学显著改进的相关性密切。但在排名中，仔细对比变化分布可知，在所有五个版本的物流绩效指数中，排名非常相似。

因此，应当谨慎解释 LPI 中的排名以及排名变化。在以往四次 LPI 调查的汇总数据中，41 个国家的得分是绩效最高国家的 70% 或更高。为此，每个排名位置的平均差值为 0.021 个分数点。对于接下来的 53 个国家，得分为绩效最高国家的 50% ~ 69%，每个排名位置的平均差异为 0.011 个分数点。在评分为绩效最高国家 40% ~ 49% 范围内的 49 个国家中，每个排名位置的平均差异为 0.006 个分数点。这意味着那些绩效水平相似的国家的排名可能存在很大差异，尤其是处于中间或较低范围的国家。

注释：

1. LPI 上限的计算方法为：将一个国家的 LPI 评分提高至上限，同时保持其他国家得分不变，然后重新计算 LPI 排名。下限采用类似的方法计算。

2016 年国际 LPI 的主要研究发现

2016 年高收入经济体通过占据排名前十位再一次巩固了他们过去的成绩（见表 1.1）。这一经验规律在所有版本 LPI 报告中均有所体现。实际上，最佳绩效排名的前 15 位国家或地区自 2010 年起基本一直未改变。正如我们所料，这些国家或地区一般被认为是供应链产业中的主导国家或地区，其货运及物流服务的足迹遍及全球。

表 1.1　　2016 年 LPI 排名前十位的最佳绩效者

经济体	2016 年 LPI 排名	2016 年 LPI 评分	2014 年 LPI 排名	2014 年 LPI 评分
德国	1	4.23	1	4.12
卢森堡	2	4.22	8	3.95
瑞典	3	4.20	6	3.96
荷兰	4	4.19	2	4.05
新加坡	5	4.14	5	4.00
比利时	6	4.11	3	3.65
奥地利	7	4.10	22	4.01
英国	8	4.07	4	4.01
中国香港	9	4.07	15	3.83
美国	10	3.99	9	3.92

资料来源：2014 年和 2016 年物流绩效指数。

与之形成对比的是，排名垫底的10个国家均为低收入和中等偏低收入国家（见表1.2）。通常来说，这些国家要么是受武装冲突、自然灾害和政治动乱影响的脆弱经济体，要么是在与全球供应链联结中受规模经济或地理位置限制的内陆国家。

表1.2　　2016年LPI排名后十位的最差绩效者

经济体	2016年LPI排名	2016年LPI评分	2014年LPI排名	2014年LPI评分
津巴布韦	151	2.08	137	2.34
老挝	152	2.07	131	2.39
塔吉克斯坦	153	2.06	114	2.53
莱索托	154	2.03	133	2.37
塞拉利昂	155	2.03	—	—
赤道几内亚	156	1.88	136	2.35
毛里塔尼亚	157	1.87	148	2.23
索马里	158	1.75	160	1.77
海地	159	1.72	144	2.27
叙利亚	160	1.60	155	2.09

资料来源：2014年和2016年物流绩效指数。

与以往一样，本版LPI中等偏低收入国家组仍主要由大型经济体（如印度和印度尼西亚）以及新兴经济体（如肯尼亚和越南）构成（见表1.3）。

表1.3　　2016年排名前十位的中低收入绩效者

经济体	2016年LPI排名	2016年LPI评分	2014年LPI排名	2014年LPI评分
印度	35	3.42	54	3.08
肯尼亚	42	3.33	74	2.81
埃及	49	3.18	62	2.97
印度尼西亚	63	2.98	53	3.08
越南	64	2.98	48	3.15
巴基斯坦	68	2.92	72	2.83
菲律宾	71	2.86	57	3.00
乌克兰	80	2.74	61	2.98
萨尔瓦多	83	2.71	64	2.96
圭亚那	85	2.67	124	2.46

资料来源：2014年和2016年物流绩效指数。

同时，虽然绩效较高组的构成与前一版类似，但绩效较高组中的中等偏高收入经济体则表现出了参差不齐的绩效，其中南非和中国居该组前两位（见表 1.4）。

表 1.4　　2016 年绩效最佳的中等偏高收入绩效者

经济体	2016 年 LPI 排名	2016 年 LPI 评分	2014 年 LPI 排名	2014 年 LPI 评分
南非	20	3.78	34	3.43
中国	27	3.66	28	3.53
马来西亚	32	3.43	25	3.59
土耳其	34	3.42	30	3.50
巴拿马	40	3.34	45	3.19
泰国	45	3.26	35	3.43
墨西哥	54	3.11	50	3.13
巴西	55	3.09	65	2.94
博茨瓦纳	57	3.05	120	2.49
罗马尼亚	60	2.99	40	3.26

资料来源：2014 年和 2016 年物流绩效指数。

在低收入组，东非国家在 2016 年 LPI 报告中占主导地位（见表 1.5）。

表 1.5　　2016 年排名前十位的低收入绩效者

经济体	2016 年 LPI 排名	2016 年 LPI 评分	2014 年 LPI 排名	2014 年 LPI 评分
乌干达	58	3.04	—	—
坦桑尼亚	61	2.99	138	2.33
卢旺达	62	2.99	80	2.76
柬埔寨	73	2.80	83	2.74
布基纳法索	81	2.73	98	2.64
莫桑比克	84	2.68	147	2.23
刚果	92	2.62	139	2.32
科摩罗	98	2.58	128	2.40
尼日尔	100	2.56	130	2.39
布隆迪	107	2.51	107	2.57

资料来源：2014 年和 2016 年物流绩效指数。

图 1.1 表明了 LPI 评分的累积性分布。垂直线标示 LPI 五分区的分界线：各个分区包含相同数量的 LPI 评分国家。最底部五分区的 LPI 评分最低，最顶部五分区的 LPI 评分最高。和之前版本一样，第三个和第四个五分区的得分范围相接近，这表示该五分区国家的 LPI 评分相互比较接近，某个国家（即同一五分区的其他国家）绩效的任何变化均会使排名产生较大变化（相对于其他五分区的国家来说）（见表框 1.3）。

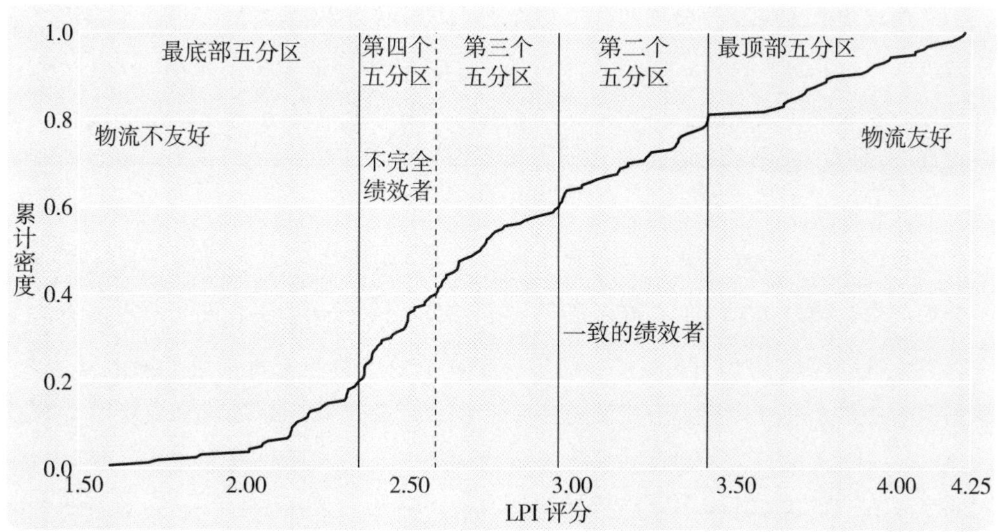

图 1.1　2016 年 LPI 分值的累积分布

资料来源：2016 年物流绩效指数。

和之前版本的 LPI 报告一样，LPI 评分可分为四类（所有版本的 LPI 报告中均采用这一分类法）如下所示。

- 物流不友好——包括存在严重物流限制的国家，如最不发达国家（LPI 最底部的五分区）;
- 不完全绩效者——包括存在一定物流限制的国家，最常见于中低收入国家（LPI 的第三个和第四个五分区）;
- 一致的绩效者——包括在其收入组中物流绩效得分较高的国家（LPI 的第二个五分区）;
- 物流友好——包括高绩效国家、大多数为高收入国家（LPI 最顶部的五分区）。

表框 1.3　LPI 结果：区域内一致，区域间则未必

和之前版本的 LPI 报告一样，以 LPI 表示的物流绩效已经超越了发展和收入的整体水平，地理位置问题也是如此。多种物流活动的跨边境性质（如货车运输或货运代理）意味着次区域联结模式会在一定程度上促进物流绩效的增长。某个地区通道的绩效可能会对当地造成跨边境的影响。如前文所举的东非例子（在本报告中进行了着重强调），一体化水平和贸易走廊绩效的持续提高对多个国家均有所裨益。

标准区域性集团（撒哈拉沙漠以南非洲、东欧和中亚）代表了明确的半球性联盟，但范围太大而难以显示出太多关于绩效收敛或次区域内及次区域间发展不平衡问题。

为找出更好的绩效归因，我们将地区按图中所示再进行细分，并将 LPI 评分方差分解为两部分：一是子组内因绩效差异得出的方差；二是子组间差异得出的方差。总的来看，LPI 评分的总方差主要（64%）由次区域间方差得出。

虽然该结果直观且符合预期，但排名也表现出了协同性变化，相对于周边次区域来说区域性联盟可以体验到这种协同性变化，同时还表明次区域LPI评分收敛值得做进一步分析。虽然某些地区的积极发展可以解释世界某些特定地区物流绩效为何较高（例如，在贸易走廊内取消边境通关手续），但其他负面事件（例如，武装冲突和政治动荡）也可造成难以避免的蔓延现象。

沿海通道是物流绩效的另一项重要促进因素。从发展经济学来说，尤其是在贸易和运输便利化方面，人们已经给予了处于劣势地位的中等偏高低收入内陆国家很多关注。缺乏通往海洋的通道对内陆发展中国家的成长与发展构成了持续性挑战，限制了这些国家更好地融入全球贸易体系的能力。通过陆地运输出口或进口货物至少要经过一个邻国，且还需要频繁变更运输方式，从而拉高了交易成本，并削弱了国际竞争力。内陆发展中国家的问题促进了多项相关政策的制订，如联合国制定的2003年阿里木行动纲领以及2014—2024年维也纳行动纲领。

平均整体LPI评分描述了2010—2016年世界银行业务地区内陆国家的贸易物流障碍。这一对比表现出了相当一致的模式，在相同收入组别，沿海国家得分均高于内陆国家。在中等偏高收入国家，欧洲和中亚的LPI评分相差0.31个分数点。在南亚的中等偏低收入经济体这一差距更大（0.52个分数点）。但在撒哈拉沙漠以南非洲，有多个内陆国家的绩效得分要高于沿海国家：低收入组相差0.20个分数点，中等偏高收入组相差0.14个分数点。仅有撒哈拉以南非洲地区中等偏低收入组符合这一模式，沿海国家绩效得分比内陆国家高0.20个分数点。在经济合作与发展组织（OECD）中的高收入国家，内陆国家和沿海国家的绩效得分差异不显著（0.02个分数点），分别为3.69和3.71（见下图）。

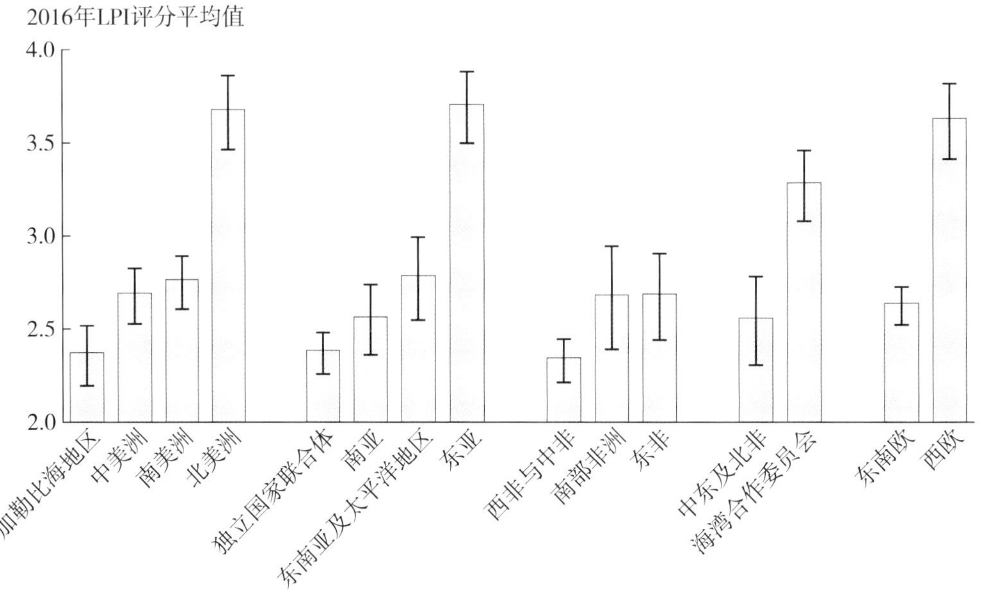

LPI评分平均值（分地理区域）

资料来源：2016年物流绩效指数。

物流绩效继续提高且分布不均

随着第五版 LPI 报告的出版，在之前版本出现的诸多趋势再次显现。构成要素和五分区之间仍存在显著差异（见图 1.2）。在所有五分区中，边境机构和基础设施绩效最低，在绩效最差国家尤为如此。另外，及时性要素似乎要比其余几个要素要好，是通常被物流专业人士看作问题最少的核心要素，但总分较低国家之间的及时性要素差异最大。

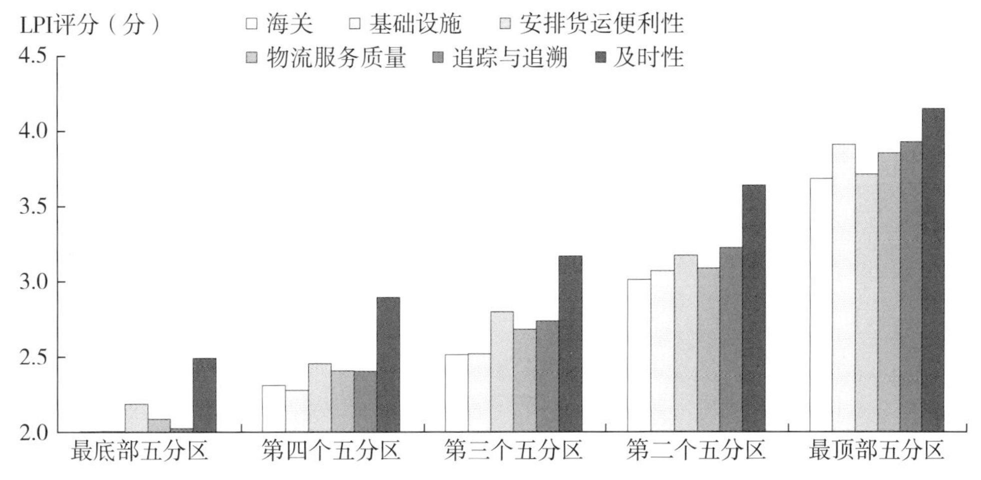

图 1.2　不同 LPI 五分区的 LPI 构成要素分值

资料来源：2016 年物流绩效指数。

我们对国际 LPI 的六个构成要素中哪一个位于整体指标之上，以及哪一个处于整体指标之下进行了评估，作为每项核心要素绩效的指标（见表 1.6）。正值表示构成要素评分高于该绩效类别整体国际 LPI 评分，反之则用负值表示。

表 1.6　不同 LPI 分区每项构成要素 LPI 评分与整体 LPI 评分差值

LPI 五分区	海关	基础设施	安排货运便利性	物流服务质量	追踪与追溯	及时性
最底部五分区	-0.13	-0.14	0.05	-0.05	-0.11	0.35
第四个五分区	-0.15	-0.19	-0.01	-0.06	-0.06	0.43
第三个五分区	-0.23	-0.22	0.06	-0.06	-0.01	0.42
第二个五分区	-0.29	-0.13	-0.03	-0.12	0.02	0.44
最顶部五分区	-0.19	0.04	-0.16	-0.02	0.06	0.28

注：所有数值均根据 2007—2014 年 LPI 及其构成要素加权平均得分计算得出。

资料来源：2016 年物流绩效指数。

有几个特点格外引人注目。与 LPI 的其他构成要素相比，海关和边境机构绩效系统性仍然较差。基础设施则表现出了相近的绩效，其中仅有最顶部五分区与总分相比为正值。但与此同时，在所有五分区中物流服务质量绩效均低于总绩效，在以前，绩效最高的那些国家并非这种情况。另外，在第三个、第四个和最底部五分区中，追踪与追溯要素绩效也低于总分。虽然有无数理由可以解释这一情况，但最可能的原因就是：在经济衰退期间，有时会推迟对技术的投资；另一个原因就是：追踪与追溯货物的需求比以往更具难度，今天的技术方案无法满足当今的需求。

与前几版 LPI 报告一样，虽然有些因素和组别较其他组别提高较快，但国家平均 LPI 评分整体均有所提高。在低收入和中等偏低收入国家，平均 LPI 评分在海关、基础设施和物流服务质量方面进步最快（见图 1.3）。

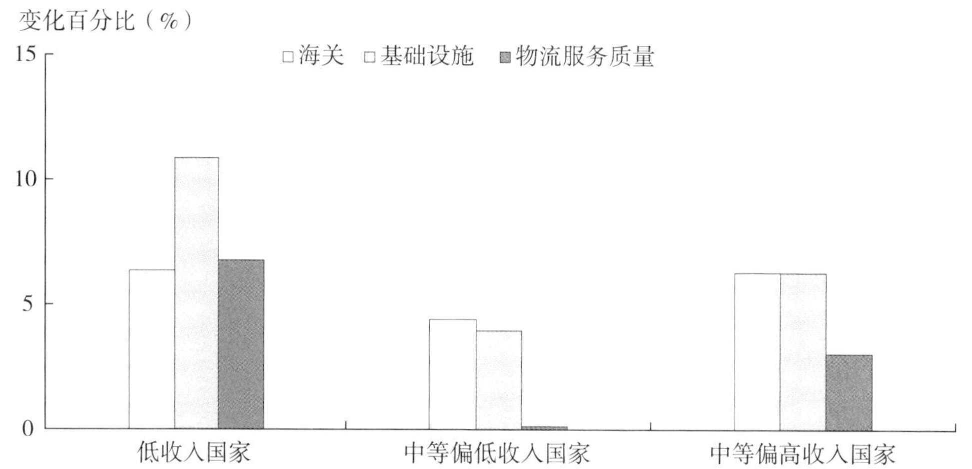

图 1.3　2014—2016 年海关、基础设施和物流服务质量 LPI 评分变化情况

资料来源：2014 年和 2016 年物流绩效指数。

当问及受访者自 2014 年 LPI 报告出版后的物流环境变化情况时，我们也发现一些取得的进展。和过去一样，绩效较高国家的受访者要比绩效较低国家的受访者感觉到更多的具体改善（见表 1.7）。从绝对值来看，所有服务（公共部门与私营企业）和基础设施因素与法规及治理因素相差最大。

表 1.7　LPI 五分区中认为自 2012 年以来物流环境有所改善或大幅改善的受访者百分比（%）

构成要素	最底部五分区	第四个五分区	第三个五分区	第二个五分区	最顶部五分区
海关	40	53	53	65	65
其他边境手续	31	37	40	54	60
贸易与运输基础设施	34	48	50	60	60
ICT 基础设施	41	54	67	78	73
私营物流服务	39	63	61	76	65
物流监管	19	35	39	47	35
腐败发生率	22	36	37	41	40

ICT：信息与通信技术。

资料来源：2016 年物流绩效指数。

一方面，简化边境清关手续并确保物理基础设施可用将仍是低收入经济体需要优先考虑的事。另一方面，和 2014 年 LPI 报告一样，中等偏高收入国家看来物流服务质量改善较快。这会继续支持中等收入国家日益将关注重点向软性改革转移并减少对物理基础设施关注。

然而，高收入和低收入国家之间 LPI 评分仍存在非常明显的差距（见图 1.4）。平均来看，高收入国家的 LPI 评分要比低收入国家高 45%。另外，在绩效排名前 30 位的国家中，有 22 个为经济合作与发展组织（OECD）成员国，这一数字与 2014 年相比几乎没有变化。然而，尽管存在物流鸿沟，但某些国家仍能超出他们的收入组别，这就解释了为什么单仅凭收入无法解释为什么某一收入组别中物流绩效存在较大差异。物流绩效超出其收入组别的国家不仅包括肯尼亚、卢旺达和乌干达，而且还包括中国和印度（见图 1.5）。相反，物流改善情况低于其收入水平的国家包括大多数资源丰富的国家，如赤道几内亚、加蓬、俄罗斯以及特立尼达和多巴哥。

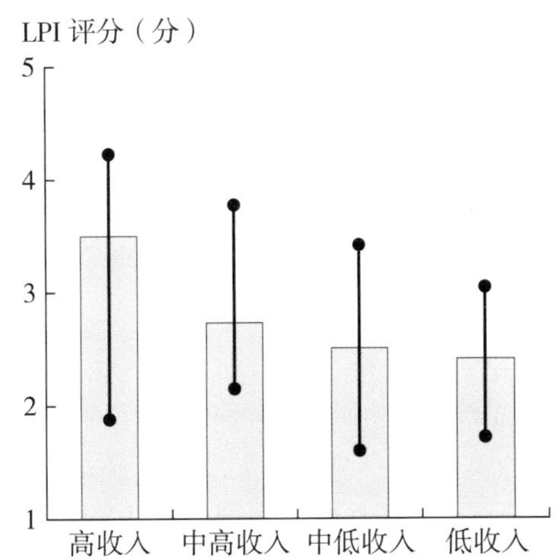

图 1.4 2016 年 LPI 报告中不同收入组别中 LPI 平均分和最低、最高分范围

注：垂直线标示最小/最大范围。

资料来源：2016 年物流绩效指数。

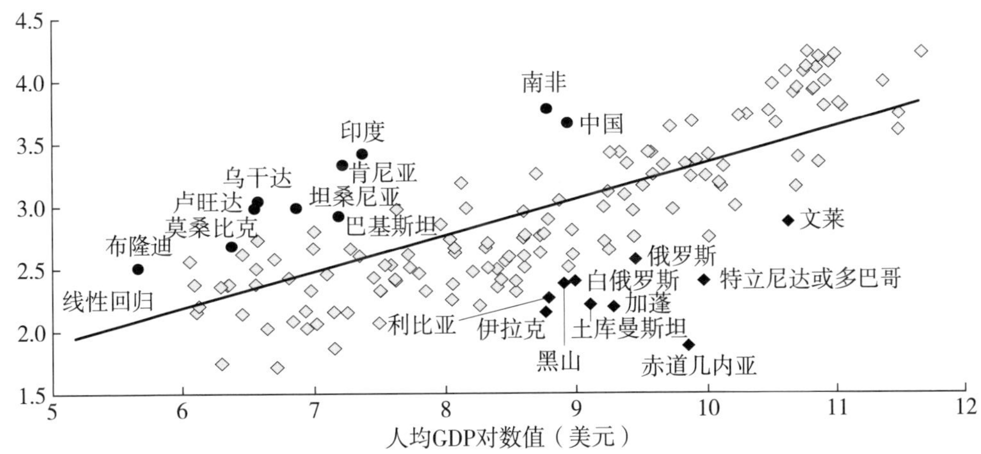

图 1.5 LPI 报告中绩效优异国家和绩效不佳国家

注：拟合值基于普通最小二乘回归，采用适用所有国家的数据。绩效不佳国家（黑色菱形表示）为 10 个具有最小剩余的非高收入国家。绩效优异国家（黑色圆形表示）为 10 个具有最大剩余的非高收入国家。

资料来源：2016 年物流绩效指数。

自开始出版 LPI 报告以来，内陆国家首次脱离最低绩效国家的行列，例如卢旺达和乌干达。尽管我们在前文提到了差异，但在解读 LPI 排名时仍需谨慎。

四个年份 LPI 评分的变化趋势

LPI 平均相对评分绩效（以占得分最高国家得分百分比表示）之间的差距与前几年揭示的差距十分类似。尽管如此，我们还发现了一个新现象，那就是与前三版 LPI 报告相比，三个最低五分区的 LPI 平均相对评分出现了小幅下降（见图 1.6）。

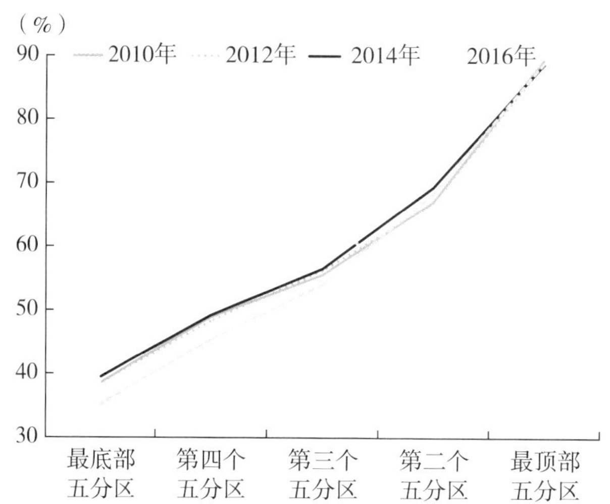

图 1.6　按占绩效最佳国家得分百分比表示 LPI 评分（2010—2016 年）

资料来源：2010 年、2012 年、2014 年、2016 年物流绩效指数。

因此，在以往版本物流绩效指数中，绩效最佳国家和最差国家之间的差距对于评分较低国家来说较小，但在 2016 年版中，相对绩效最低的国家为叙利亚，其评分仅为绩效最高国家（德国）的 19%。而在 2014 年，相对绩效最低的国家为索马里，其评分为绩效最高国家（德国）的 25%。

2014 年和 2016 年 LPI 评分之间的相关性要强于往年，评分相关系数为 0.93，排名相关系数为 0.90（2014 年和 2012 年之间相关系数分别为 0.91 和 0.86）。由于数据是以问卷调查为基础的，肯定会存在采样误差。只要 2016 年和 2014 年 LPI 评分置信区间不重叠，就会存在统计学显著变化，只有表 1.8 中的 18 个经济体是这种情况。

我们对自 2014 年版引入的一个特点进行了跟踪调查，利用四次 LPI 调查的六项构成要素评分生成一个“大表”来更好地表现国家绩效。这种方法可减少一次 LPI 调查对另一次 LPI 调查的干扰和随机误差，并可增强 2016 年版中对 167 个国家的比较效果（比 2014 年多了一个国家）。

表 1.8　　LPI 评分出现统计学显著变化的经济体

2014—2016 年 LPI 评分出现统计学显著变化	低收入国家	中等偏低收入国家	中等偏高收入国家	高收入国家（地区）
正值变化	坦桑尼亚、刚果（布）	印度、肯尼亚	南非、中国	德国、以色列、奥地利、瑞士、中国香港、新加坡、阿拉伯联合酋长国、委内瑞拉
无变化	135 个国家（地区）			
负值变化	海地	塔吉克斯坦	马来西亚、泰国	

在 2016 年 LPI 报告中，每项构成要素四个年份的评分按下列权重进行计算：2010 年为 6.7%，2012 年为 13.3%，2014 年为 24.7%，2016 年为 53.3%（最新数据的权重最高，见图 1.7）。该方法与 2014 年所用的方法相同，但 2014 年报告使用的是 2007 年、2010 年、2012 年和 2014 年的数据。

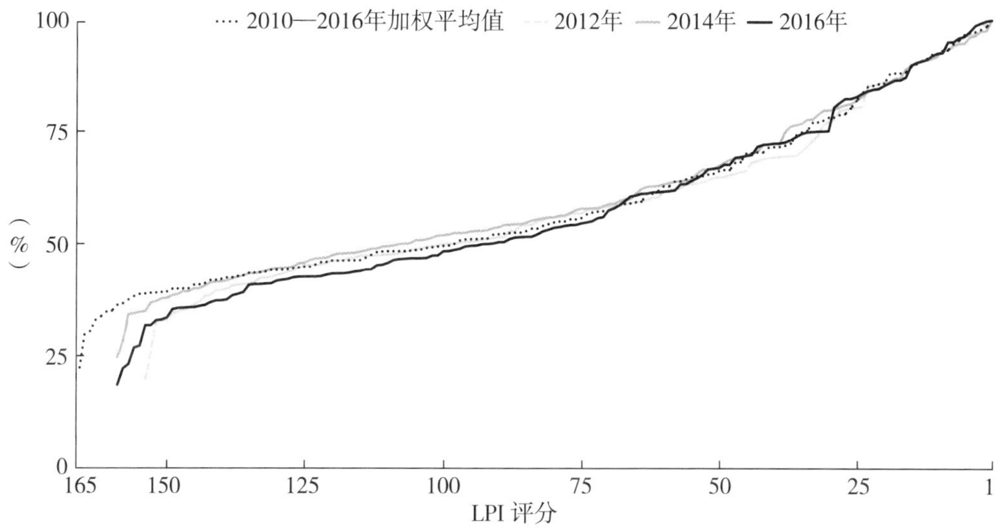

图 1.7　按最高绩效国家 LPI 评分的百分比表示国家的整体 LPI 评分

资料来源：2010 年、2012 年、2014 年和 2016 年物流绩效评分。

利用这些权重值的可能性是一项重要特点，因为个别国家的 LPI 评分存在变化，其排名也会出现大幅变化，而且这种变动不存在统计学显著性。2014—2016 年，有多个国家出现了这种情况，尤其是那些 LPI 评分置信区间较宽的国家，这表明受访者之间存在较大的分歧。即使得分出现微小变化，也会表现出统计学显著差异，因为这种情况通常出现在较小的国家。大型贸易国家（如中国、德国、英国和美国），2016 年 LPI 报告中的置信区间为 0.05 个分数点或保持在较低水平，约为其评分的 1% 或更低。相比而言，2016 年 LPI 报告中刚果（布）（0.48）、摩洛哥（0.41）、黎巴嫩（0.41）的置信区间最高，超过其 LPI 评分的 15%。

在二次汇总的2010—2016年LPI评分中，德国排名最高，为4.17（2007—2014年汇总评分为4.10），其次为荷兰的4.12（4.05）和新加坡的4.10（4.06）。虽然荷兰和新加坡互换了位置，但排名前三位的国家没有变化。在欧盟28个成员国和经济合作与发展组织（OECD）34个成员中，分别有14个和22个成员为LPI评分排名前30位的国家或地区。其中非OECD经济体包括：新加坡（排名第3位）、中国香港（排名第8位）、阿拉伯联合酋长国（排名第19位）、中国台湾（排名第23位）、南非（排名第25位）、中国（排名第26位）、卡塔尔（排名第29位，首次进入前30位的国家）和马来西亚（排名第30位）。在前30位中，马来西亚和南非为中等偏高收入国家，其余均为高收入经济体。

同时，所有OECD成员国均处于前三个五分区内。在2007—2014年报告中，前三个五分区囊括了所有的欧盟成员国，但目前有两个成员国跌出了前三个五分区，这两个国家分别为：罗马尼亚，LPI评分为3.05，排名第56位；保加利亚，LPI评分为2.96，排名第62位。

在汇总的国际LPI评分中，索马里以1.67分再次垫底（2014年LPI评分为1.63），排名第167位。尽管自2007年起各国的物流绩效有一定的收敛，但高收入和低收入国家之间的物流鸿沟仍然较宽。和前几版LPI调查报告一样，2016年绩效最差的国家仍为最不发达国家，尤其是内陆国家、小型岛屿国家和战后国家。叙利亚就是一个例子，该国2007—2014年汇总LPI评分为2.31分，在166个国家中排名第148位。由于其在2016年LPI报告中评分和排名较低，所以在2010—2016年汇总LPI中以1.94分排名倒数第二（第166位）。

绩效的收敛性（大致从第40位至第120位）意味着这一位置将充满评分仅相差零点几分的国家（见表框1.4）。因此，即使基础得分仅有微小变化，处于这一中间地带国家的排名也会发生较大变化。

表框1.4 联结、物流网络与物流绩效

自第一版《世界银行物流绩效指数报告——联结以竞争：全球经济中的贸易物流》于2007年年底出版以来，许多促进物流收益、贸易便利化和运输的一揽子政策都被贴上了“联结”的标签。例如，和中美洲与加勒比海地区的一些国家一样，亚太经合组织（The Asia - Pacific Economic Cooperation）发起了供应链联结项目，印度尼西亚制订了联结方案。然而，尽管政策存在相关性和连贯性，但我们仍是在靠直觉来理解联结这一概念，且不太明确“联结”的定义，“联结”就只能成为一句口号，和“贸易便利化”与“物流”一样，过于模糊而毫无实用性。

人们已经提出了联结概念的一些说明和形式[1]。物流网络中的运营公司提供了支持。国际运输（航运或空运）都在由各种运输枢纽构成的复杂的物流网络中进行。一个国家或是该国的一个港口或机场的联结显示该国在这些网络中的重要程度。联结在一定程度上反映了运输与物流网络的地理状况和整体结构。因供应链效率低下

导致的国家特异性贸易交易成本会增加经济距离并降低联结性。因此，无论物流网络地理位置如何，提高物流绩效的政策均可提高联结性。

当然，联结并非一个纯粹的外来概念。相反，联结是由多种因素决定的，其中一个因素就是市场规模：市场规模越大，对国际航运的需求就越大；因此在物流网络基础上运营的集装箱运输更有可能成为让这些国家在其日程安排中更为重要的商业原因。因此，这不仅是一个国家的政策，而且还是可促进联结的私营企业发展行为。较大的国家通常具有一定的优势，较小的国家不得不付出更多的努力以低廉的成本和充分的规则来吸引国际运输。

正如人们所期待的那样，LPI 已与其他联结性指标连接在一起，如联合国贸易与发展大会（UNCTAD）发布的班轮集装箱航运联结指数（LSCI）。下面的数据描述了这一相关性，同时肯定了这两个指标确实捕获了联结性中并列但互补的方面。

还可通过采用逆算法来确定这些点，从而专注于贸易成本：与周边联结较差国家的贸易成本较高，而在联结极佳的中心贸易成本则较低。世界银行与联合国亚洲及太平洋经济社会委员会进行的关于贸易成本的研究已经表明，海运与空运网络的联结性以及物流绩效是一个国家贸易成本整体水平的主要决定因素。

现有数据未能解决的一个额外难题就是国内联结性，尤其是在大型国家。LPI 衡量的是诸如印度和中国等国家关键国际关口的绩效，但无法确定将货物运至内陆腹地的难易程度。然而，从发展和公平的角度来看，这类运输非常重要。许多国家的国内贸易成本可能仍然很高，降低这一成本可使主要城市之外的生产商和消费者的生产产生重大变化。

注释：

1. Arvis 和 Shepherd（2011）；Hoffmann 和 Ojala（2010）。

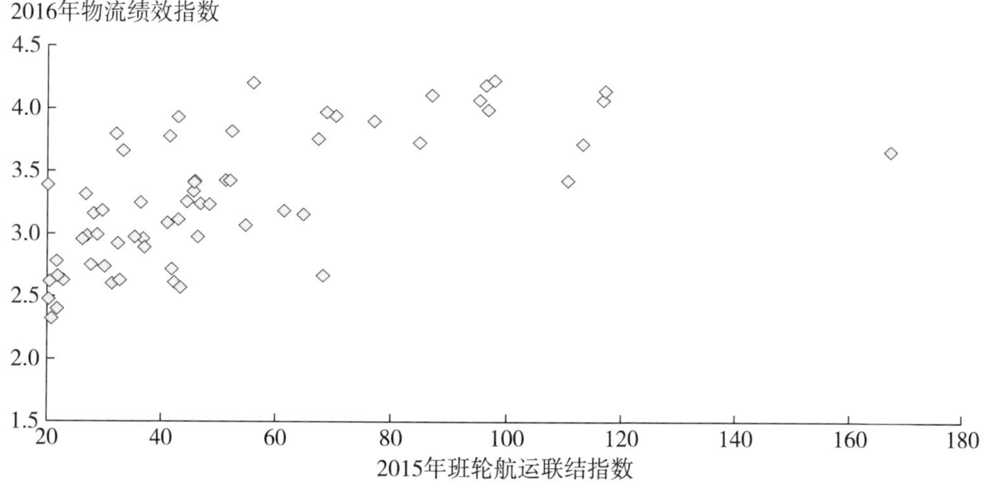

LPI 与班轮航运联结指数

资料来源：2016 年物流绩效指数。

第二部分

解析物流绩效的各个指标

国际 LPI 提供了一些关于整体物流驱动因素的初步信息，但为进一步分析调查结果，有必要参考国内 LPI。本部分以国内 LPI 为基础，在国内 LPI 中，接受问卷调查的物流专业人士评估了他们工作所在国的物流环境。因此国内部分包含各个国家的物流环境、核心物流流程与机构的更为详细的信息。这种方法是用来考察各个国家内部（而不仅仅是关口，如港口或边境）的物流限制。它分析了整体物流绩效的四个主要决定性因素：基础设施，服务，边境手续与时间，延误、可靠性与服务提供。

基础设施

来自最顶部五分区的受访者对其所在国基础设施的评价远高于其他受访者（见表 2.1）。其他四个五分区的差异没有那么显著，尤其是公路和铁路。我们在这里要强调一下信息与通信技术（ICT）评分散布幅度最小，这表明发展中国家一直在对现代技术进行大量投资，在某些情况下，甚至可能会跨越中等水平。当然，ICT 无法替代其他类型的硬基础设施，因此有必要将重点放在其他领域。

表 2.1　不同五分区中认为每种基础设施质量为“高”或“非常高”的受访者比例（%）

LPI 五分区	港口	机场	公路	铁路	仓储与转运	ICT
最底部五分区	19	21	17	14	13	27
第四个五分区	18	28	13	15	19	33
第三个五分区	31	35	16	14	27	39
第二个五分区	35	32	24	7	31	60
最顶部五分区	63	66	59	36	65	76

注：ICT 指信息与通信技术。
资料来源：2016 年物流绩效指数。

虽然基础设施仍是发展中国家的一个限制因素，但似乎正在不断得到改善。自上一次 LPI 调查起，人们就普遍认为所有绩效五分区的基础设施均有所改善（见图 2.1），在绩效最高的国家中更是如此。如果这种看法可以反映出这些国家基础设施在发展强劲基础上改善速度更快，那么就表明之前版本中指出的“物流鸿沟”将持续存在。特别值得关注的是从最底部五分区获得的数据较低，这与逐渐扩大的“物流鸿沟”相一致。

基础设施类型不同，人们对基础设施质量的满意程度也不同。和几年前一样，所有五分区内的受访者对 ICT 基础设施最为满意。与 2014 年相同，有证据表明基础设施差距（尤其是在最顶部和最底部五分区之间的差距）正在逐步缩小，其中最底部五分区改善速度在最新版报告中似乎有显著加快趋势。中间几个五分区基础设施的改善与之前观察到的相同。相反，与之前的报告一致，铁路基础设施总体上来说还是难以令人满意。在最底部五分区，基础设施整体上无法令人满意——这是变化

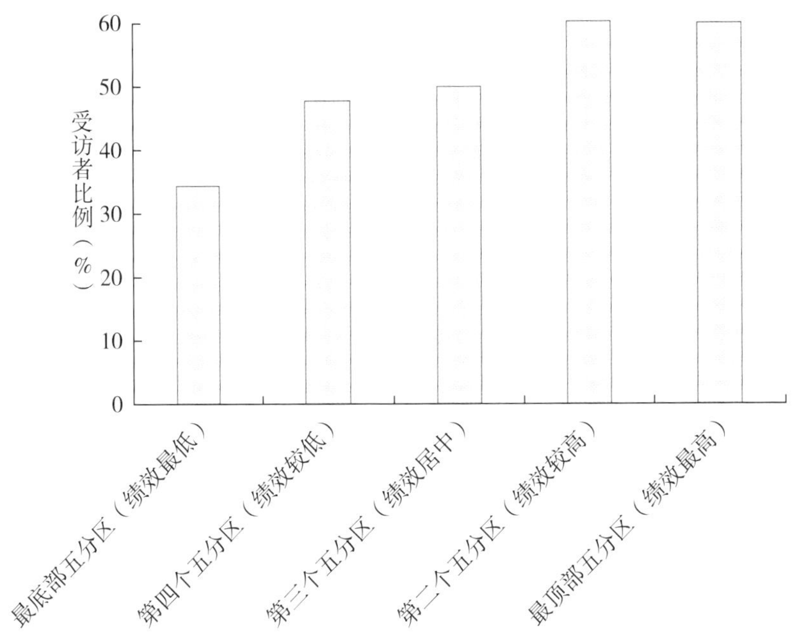

图 2.1 不同五分区中认为自 2012 年起贸易与运输基础设施“有所改善”或“大幅改善”的受访者比例

资料来源：2016 年物流绩效指数。

模式中的一个例外。

对世界银行不同业务地区基础设施的国内 LPI 数据进行分解研究时，就会发现相似的模式，但不包括高收入国家（见表 2.2）。除东亚与太平洋地区外，其余所有区域评价最高的基础设施是 ICT。不同地区对其他类型基础设施的评价差异很大，其中有两个特点非常突出。第一，拉丁美洲和加勒比海地区对公路基础设施的满意度非常低，这与 2014 年相同，但今年还加入了南亚；第二，所有区域对铁路基础设施的满意度仍比较低，这与对 LPI 五分区分析的情况相一致。

表 2.2 不同地区对不同类型基础设施质量评价为“高”或“非常高”的受访者比例（%）

地区	港口	机场	公路	铁路	仓储与转运	ICT
东亚与太平洋地区	23	37	20	21	8	27
欧洲与中亚	27	48	21	22	30	50
拉丁美洲和与加勒比海地区	21	22	12	3	15	34
中东与北非	33	35	24	20	31	36
南亚	18	25	5	3	18	65
撒哈拉沙漠以南非洲	25	23	18	17	23	32

注：ICT 指信息与通信技术。

资料来源：2016 年物流绩效指数。

服　务

核心物流服务提供商的质量和竞争力是国家整体绩效的另一重要组成部分。对于所有 LPI 五分区中的国家，受访者对货运代理商的评价较高，通常位于或接近该类别的最高分（见表 2.3）①。不同五分区之间，虽然铁路运输服务与铁路设施一样，但人们对其评价均较低，对其他供应商类型的评价差异较大。此外，与基础设施一样，最顶部五分区国家服务提供商质量和竞争力得到的评价最高。在绩效最佳的国家中，虽然对收货人或托运人的评分低于大多数其他类型服务的评分，但除铁路运输外，对所有类别服务提供商的质量和竞争力的评价均较高。

表 2.3　不同五分区中认为每种服务供应商质量与竞争力为“高”或“非常高”的受访者比例（%）

LPI 五分区	公路运输	铁路运输	航空运输	海运与港口	仓储、转运与配送	货运代理商	报关行	贸易与运输协会	收货人或托运人
最底部五分区	17	6	30	36	16	34	17	19	31
第四个五分区	23	13	36	33	22	41	30	18	29
第三个五分区	26	15	50	53	41	54	40	28	33
第二个五分区	37	18	48	54	41	56	40	29	28
最顶部五分区	66	40	75	68	74	80	79	62	49

资料来源：2016 年物流绩效指数。

所有五分区的受访者几乎总是对服务供应商比基础设施质量要满意（比较表 2.1 和表 2.3），但在绩效最高国家中差异一般较小。这种情况在第二个和第三个五分区的海运方面差距尤为严重。

在世界银行业务地区，服务与基础设施之间的差距似乎普遍存在（见表 2.4）。南亚的海运以及东亚及太平洋地区、欧洲、中亚和南亚地区的海运尤为如此。这些数据表明，需要进一步发展与运输相关的基础设施，以便积极改革服务市场，从而给终端用户带来可能的最大化收益。

表 2.4　认为服务质量“高”或“非常高”受访者与认为基础设施质量“高”或“非常高”受访者比例之差（%）

地区	海运与港口	航空运输	公路运输	铁路运输	仓储、转运与配送
东亚与太平洋地区	25	13	7	0	16
欧洲与中亚	28	5	11	-6	16
拉丁美洲与加勒比海	12	9	5	1	19
中东与北非	10	0	9	-8	7
南亚	33	31	11	1	8
撒哈拉沙漠以南非洲	17	17	3	-1	2

资料来源：2016 年物流绩效指数。

① 虽然参与 LPI 调查的受访者为货运代理商和快递公司，但服务供应商的质量和竞争力由他们的同行进行评估。

边境手续与时间

LPI 涵盖了边境手续与时间的多个指标。地区和收入组别对这些数据的分类结果如附录 2 所示，按国别对时间和成本的分类结果如附录 3 所示。

进口与出口时间

衡量物流绩效结果的实用标准为完成贸易交易所需的时间。正如 LPI 所度量的，绩效较高国家港口和机场供应链的进口交货周期中值较低（见图 2. 2）：位于最底部五分区内国家所需时间通常是位于最顶部五分区内国家的两倍①。这一巨大差距要比 2014 年观察到的差距要大，接近 2012 年的数字，这表明需要以新的活力进行贸易便利化改革。

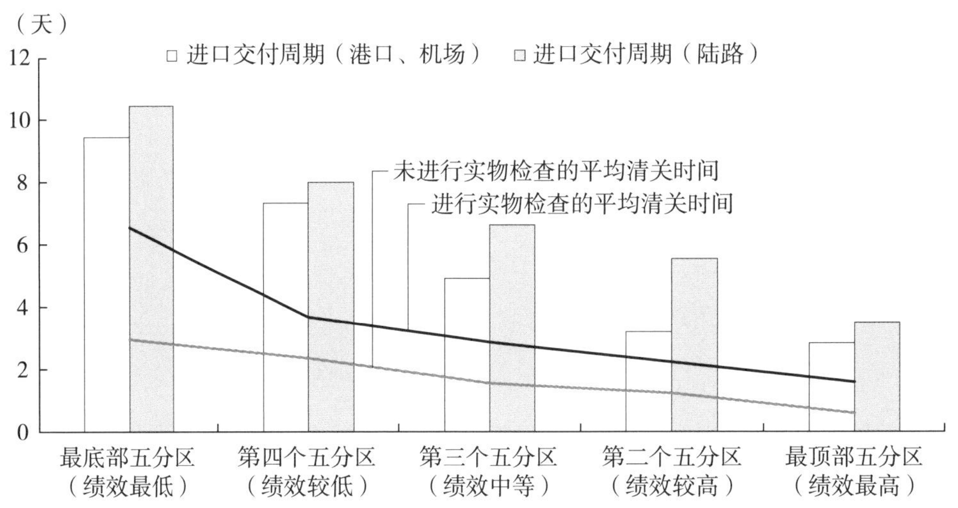

图 2. 2　不同 LPI 五分区进口交付周期中值与平均清关时间

资料来源：2016 年物流绩效指数。

所有 LPI 五分区通过陆运进口所需的时间均比通过空运或海运长。陆路距离和进口交付时间之间的相关性表明，除基础设施外，地理位置、服务提供和其他物流问题对于决定一个国家与世界市场接轨的能力也非常重要。

除途中所涉及的地理状况和运送速度外，影响进口交付周期的另一个因素就是边境手续效率，在办理手续的所有阶段均可缩短时间，在运抵货物的清关环节尤为如此（见图 2. 2）。物流绩效较低国家需要对其边境管理进行改革，以便减少烦琐程序、过多令人费解的程序及实物检查。虽然所有 LPI 五分区中通过海关对货物进行清关的时间仅占总体进口时间的一小部分，但即使是在高绩效国家，如果对货物进

① 进口货物的交付周期是指从卸货港口到运送至收货人的平均时间。

行实物检查，所需时间也会大幅增加。各个五分区的核心海关手续大同小异，但相比较而言，低绩效国家进行实物检查更为普遍，甚至同一批货物会由多个不同机构重复进行检查（见表2.5）。

表2.5　不同LPI五分区中认为所列海关手续可以获取并正在使用的受访者比例（%）

海关手续	最底部五分区	第四个五分区	第三个五分区	第二个五分区	最顶部五分区
报关申请的在线处理	56	74	87	84	97
在清关中使用有资质报关行的要求	85	87	86	78	63
最终清关地点的选择	67	70	65	76	74
最终清关前的担保发布	65	58	55	63	60
进口货物实物检查（所占比例）	27	26	21	21	5
对进口货物进行多重实物检查	13	15	7	5	3

注：除另有说明外，均指受访者比例（%）。
资料来源：2016年物流绩效指数。

出口供应链的手续通常比进口供应链手续简便，因此出口交付周期要比进口交付周期短（见图2.3）。但出口交付周期也表现出了我们所熟悉的物流鸿沟：低收入国家所花费的时间是高收入国家的两倍（见图2.4）。而且，低收入国家的陆运供应链的出口时间与其他国家的差距要远大于中等收入国家和高收入国家之间的差距。许多低收入国家的出口交付周期较长，从而削弱了其出口竞争力和参与国际贸易的竞争力。

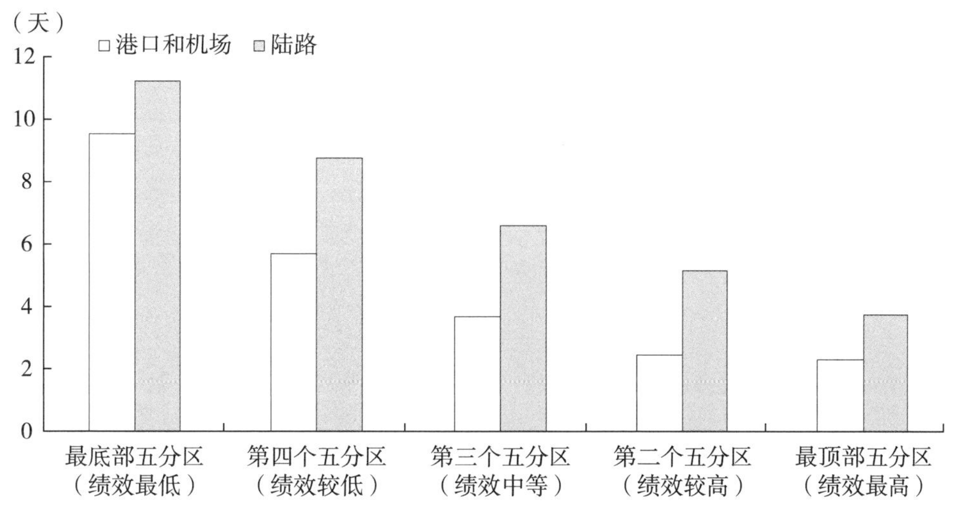

图2.3　不同LPI五分区出口交付周期中值

资料来源：2016年物流绩效指数。

和交付周期（全球范围内差异很大）不同，海关手续正变得越来越相似（见表2.5）。实际上，最底部五分区国家倾向于采用便利化措施。即便海关手续逐渐变得越来越相似，但许多国家仍发现其供应链受限于其他边境机构，因为海关并非边境管理的唯一机构。所有这些边境管理机构——标准，运输，兽医，以及卫生与动

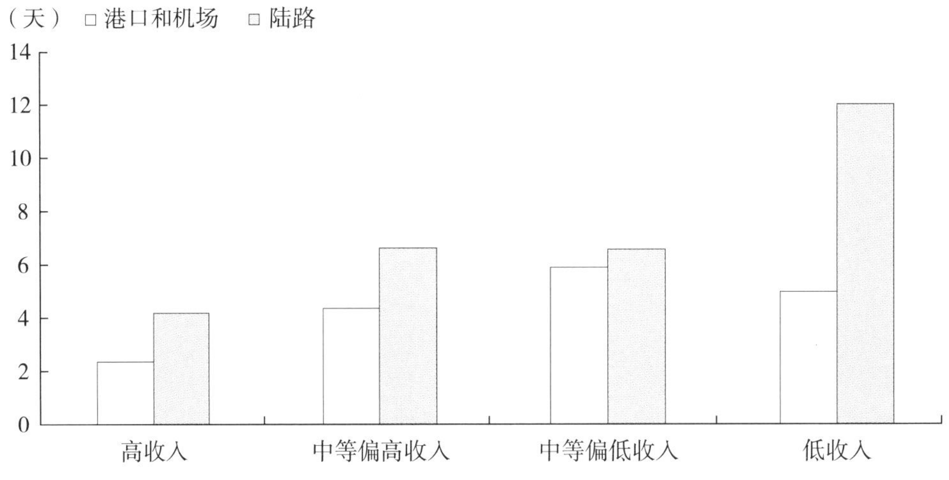

图 2.4　不同收入组别出口交付周期中值

资料来源：2016 年物流绩效指数。

植物检疫部门（SPS）——的合作对于改革而言至关重要。同时，引进现代监管方法也同样重要。

2016 年的 LPI 数据表明，海关和其他边境机构之间的绩效差距仍然很大（见表 2.6）。实际上，对于许多国家而言，提高边境机构绩效的关键在于对除海关外的其他机构进行改革。各个机构之间存在这种差异的一个原因在于对不易腐烂或时间要求不紧的货物所需的检查手续更少；另一个原因在于卫生与动植物检疫部门在实现自动化方面进展缓慢。

表 2.6　不同五分区中认为 3 个边境机构质量与竞争力为“高”或“非常高”的受访者比例（%）

LPI 五分区	海关机构	质量与标准检验机构	健康/卫生与动植物检疫机构
最底部五分区	26	8	17
第四个五分区	34	19	21
第三个五分区	38	27	19
第二个五分区	45	37	25
最顶部五分区	78	59	53

资料来源：2016 年物流绩效指数。

从表 2.6 与 2014 年 LPI 报告的表 2.6① 可以看出，虽然最底部五分区国家海关绩效可能有所改善，但质量和标准/检验机构将继续妨碍边境机构绩效的整体改善。

烦琐程序

烦琐程序指标表明边境管理机构协调功能缺失，其结果是私营物流运营商承担

① 让－弗朗索瓦·阿维斯，丹尼尔·萨斯拉夫斯基，等．世界银行物流绩效指数报告（2014）——联结以竞争：全球经济中的贸易物流［M］．王波，译．北京：中国财富出版社，2014：60.

着相应的负担。在最底部五分区的国家，运营商需要与之打交道的政府机构数量和所需的单据是最顶部五分区国家的两倍（见图 2.5）。最顶部五分区国家通常需要两份贸易交易证明文件，而在最底部五分区国家则需要四份或五份，这也是上一版和本版 LPI 报告中一直存在的一个物流鸿沟。

简化进出口的文件手续一直被列为贸易便利化日程上的优先项目，从而推动了对边境机构进行协调整合以及为贸易创设单一窗口系统等的改革举措。世界银行与国际金融公司的经商指标高度重视类似的手续简化举措。不过，还需要在边境管理其他方面采取措施，而且一般来说，还包括与贸易相关的软、硬基础设施。

诸如世界贸易组织（WTO）《贸易便利化协定》之类的国际协定在两方面有助于刺激改革和改进：第一，这些国际协定有助于双方达成一致的标准，对于绩效最低国家来说，这些标准是可以做到的；第二，与之前惯例不同，这些协定会受到 WTO 贸易法规的约束。这些协定还可加强对发展中国家和最不发达国家的技术援助以及能力建设支持。确实，全球经验表明，在实施诸多协定中的措施时相对简单，但在实施其他举措（如创设单一窗口）时会非常复杂，需要政府持续做出努力。上述结果表明，在绩效最低国家，满足这些标准［通过遵守贸易便利化通用海关原则（见表 2.5）来衡量］时存在的问题或烦琐程序（见图 2.5）数量问题均非常集中。

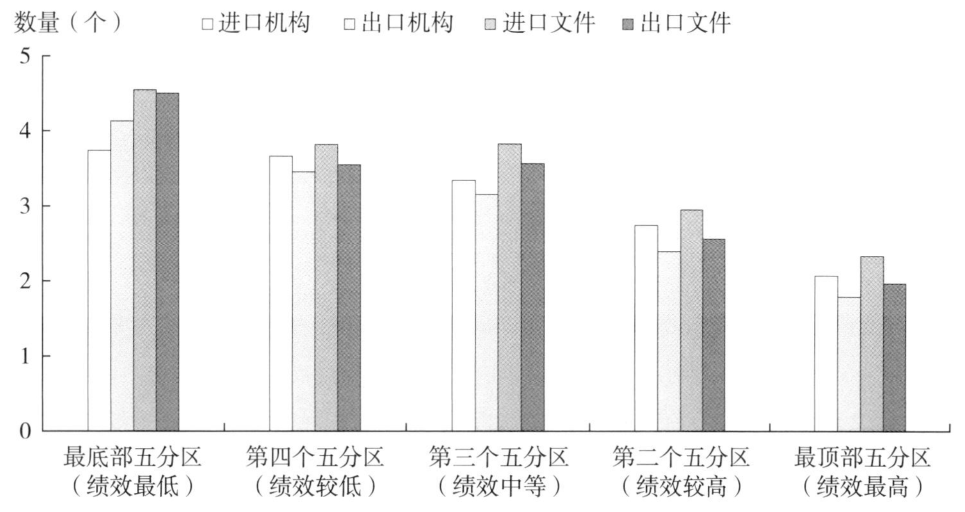

图 2.5　不同 LPI 五分区中影响进出口交易的烦琐程序

资料来源：2016 年物流绩效指数。

考虑到某些国家在施行新协定时面临的困难，贸易便利化协定针对发展中国家和最不发达国家制订了许多附加说明，从而在时机和实施方面提供了更多的灵活性。初步迹象表明，某些发展中国家在将债务归为协定 A 类时非常积极，即对于最不发达国家在生效后或经过较短过渡期后适用。然而，并非所有国家都上报了信息，因此，实际上该协议在发展中国家实施的确切程度尚不明确。

延误、可靠性与服务提供

对于一个国家的供应链来说，导致绩效不佳的某些原因是内在的，例如服务质量、清关流程的速度和成本。但其他一些原因（如依赖于间接的海运航线）则不属于国内供应链范畴，因此不是一个国家能够控制的。

LPI 报告详细阐述了与国内服务和机构行使职能无直接关系延误的可能原因（见表 2.7）。在这里，最顶部五分区和最底部五分区之间再次出现明显反差，在以下三个方面这一反差尤为明显：非正式支付（腐败性支付）、强制仓储和装运前检查。其中前两项与 2014 年 LPI 报告发现的问题相同，因此在未来数年内密切关注因装运前检查导致的延误，以确定这一因素是否会继续成为低绩效国家的特定困难来源。

表 2.7　不同 LPI 五分区和延误类别中认为货运“经常”或“几乎总是”发生延误的受访者比例（%）

LPI 五分区	强制仓储	装运前检查	海上转运	失窃	非正式支付
最底部五分区	51	32	25	8	24
第四个五分区	21	22	38	16	21
第三个五分区	19	20	15	13	33
第二个五分区	15	20	10	12	12
最顶部五分区	4	6	8	3	4

资料来源：2016 年物流绩效指数。

在最底部五分区国家，延误和意外成本很常见，从而会影响整体供应链绩效。更糟糕的是，在所有 LPI 五分区中延误发生率存在上升趋势，尤其是在较低五分区。然而，最底部五分区国家表示，与 2014 年 LPI 报告相比，2016 年 LPI 报告中因失窃和非正式支付导致的延误已显著减少。抽样误差可能存在一定影响，但这一改善对绩效较差国家的供应链可靠性有积极的潜在影响。在未来数年后重新审视这一数据以查看是否存在这种变化非常重要。然而，一般模式表明，供应链的可预测性是一个亟待解决的商业问题，尤其是对于那些绩效最低的国家。最底部五分区和第四个五分区之间在某些方面（如强制仓储和装运前检查）的差距仍非常明显，这表明通过相对适度政策干预提高绩效是可能的。

可预测且可靠的供应链是良好物流绩效的中心环节。确实，交付周期变化过大会打乱货物生产和出口，从而迫使企业采用高成本策略，如快速货运或大幅提高库存，但由于全球及区域性价值链有赖于准时制生产，因此会对企业的竞争力造成不良影响。虽然企业也可以采用其他策略（例如，裁员以应对会影响供应商的断货），但对于欲使其企业参与并进入全球及区域性价值链的国家来说，全球市场的各种力量是提供可预测、可靠供应链的条件，保证供应链可靠已势在必行。

政策决策者更关注供应链可靠性的另一个原因在于全球和区域的新兴贸易网络化结构，这在一定程度上与提升价值链有关。在一个网络内，一个节点的微小影响可迅速扩散，且有时会不可预见地扩散至其他节点。与网络化生产模型有关的高效收益会与升高的系统风险相伴而来，从这个意义上说，结构本身易受针对关键环节微小冲击的影响。其结果就是无法为发展中可预测和可靠供应链提供条件的国家将逐渐与世界市场脱钩，这在世界市场网络化生产模式中非常普遍。低绩效国家需要给予更多的政策关注来提高自身的联结性，并防止他们进一步朝着全球贸易体系边缘化发展。

国内 LPI 强调的关键绩效指标可进一步反映供应链的可靠性和可预测性，即清关与交付的及时性（见图 2.6）。随着物流绩效的下降，延误频率会大幅升高。因此，当我们从较高五分区看向较低五分区时，清关和交付的及时性会逐渐降低也就不足为奇了。因此，LPI 排名最低和最高国家的准时到货率截然不同。在最顶部五分区，大多数受访者认为进口和出口货运“经常”或“几乎总是”按时到货，而在最底部五分区，只有一半左右的受访者持同样看法。这两种情况的绩效与 2014 年的 LPI 报告非常相似，在最顶部五分区这种情况可能有所改善。这一发现突显了低绩效国家可采取提高供应链可预测性和可靠性的措施以避免扩大物流鸿沟这一要素的重要性（见表框 2.1）。

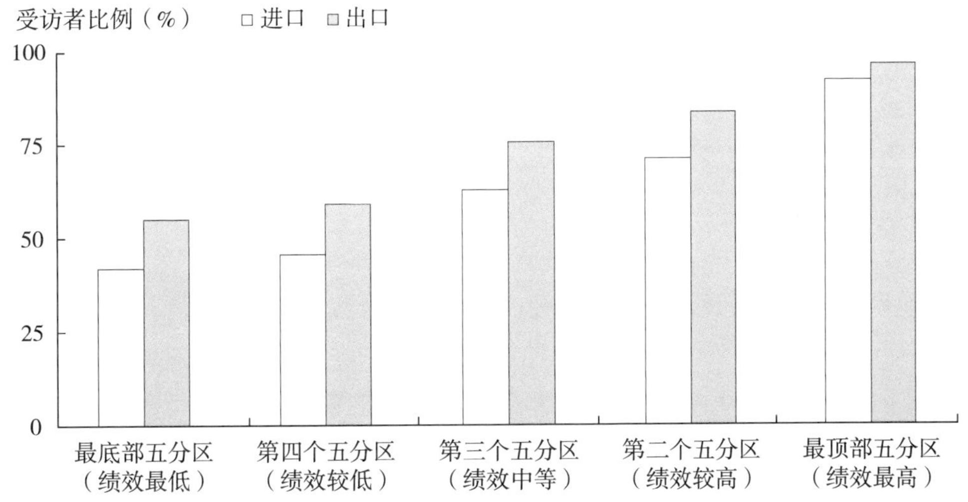

图 2.6　不同 LPI 五分区中认为货运“经常”或“几乎总是”在既定时间内得到清关和配送的受访者比例（%）

资料来源：2016 年物流绩效指数。

表框 2.1　及时性与全球价值链

如正文所述，可靠性与及时性是参与全球价值链企业的重要考虑事项。实际上，确保按时交付与清关的能力（如图 2.6 中总结的数据所示）是全球价值链中主导企业最应重视的能力。

下图体现了这一关系。利用中间产品进口量占总进口量的百分比代表全球价值链中国家级整合。数据来源为 OECD - WTO 增值贸易数据库，最佳拟合的向上倾斜线表明“按时”绩效较高和中间产品进口量占总进口量比例较高之间存在一定的关联，这是全球价值链重要功能的一个表现。

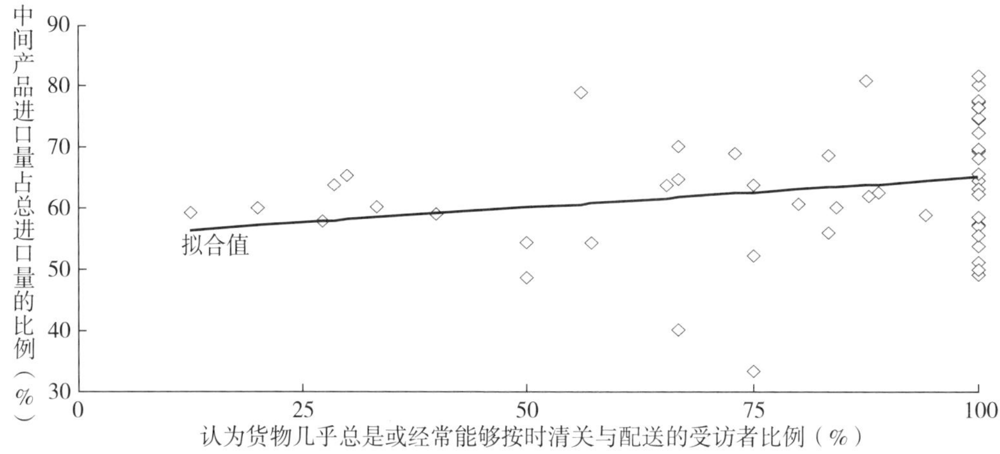

按时清关与交付和中间产品进口量份额之间的相关性

资料来源：2016 年物流绩效指数。

最底部两个 LPI 五分区出口按时到货率和进口按时到货率之间的差异最大（见图 2.6），这与前一版 LPI 报告相同。进口获得高评价的比例极低这一事实表明，在实际中（如果不是在法律上）供应链可靠性对来自国外的货物存在歧视。随着全球范围内传统贸易壁垒的不断瓦解，造成这种事实上的歧视政策会成为绩效和贸易结果越来越重要的决定因素。因此，找到意外延误的原因（包括清关过程中的不可预见性、内陆过境延误以及服务可靠性较低），应成为低绩效国家物流改革的重要组成部分。

以上着重强调的情况在一些世界银行业务地区比其他地区更为严重（见图 2.7）。除出口—进口绩效差距外，这些数据还表现出了地理性可预见性差距，对竞争力和地区供应链及生产网络的扩展具有重要意义。但是，在解读图 2.7 时要谨慎，这一点非常重要，因为每年的数据差异非常大，这在一定程度上是由各个国家之间响应机制不同造成的。

供应链可预见性不仅事关时间和成本，对于私营企业运营商及其客户而言，更深一步的考虑，还包括货运质量，这在 2016 年 LPI 报告中差异很大（见图 2.8）。在最顶部五分区，仅有 13% 的货运未达到公司的质量标准。相比较而言，最底部五分区未达到公司质量标准的比例几乎是最顶部五分区的 3 倍。这一结果再次表明，在供应链效率和可靠性方面，物流鸿沟是切实持久存在的。

货运代理中最重要的质量标准是在承诺时间内送达货物。几乎与其同等重要的是货物组成或文件无差错。在高绩效国家可以接受的质量范围要比低绩效国家小得多。同样在顶级绩效国家可以容忍的错误也要比低绩效国家少得多。货运质量差距仅在一定程度上反映了这些不同的预期值。

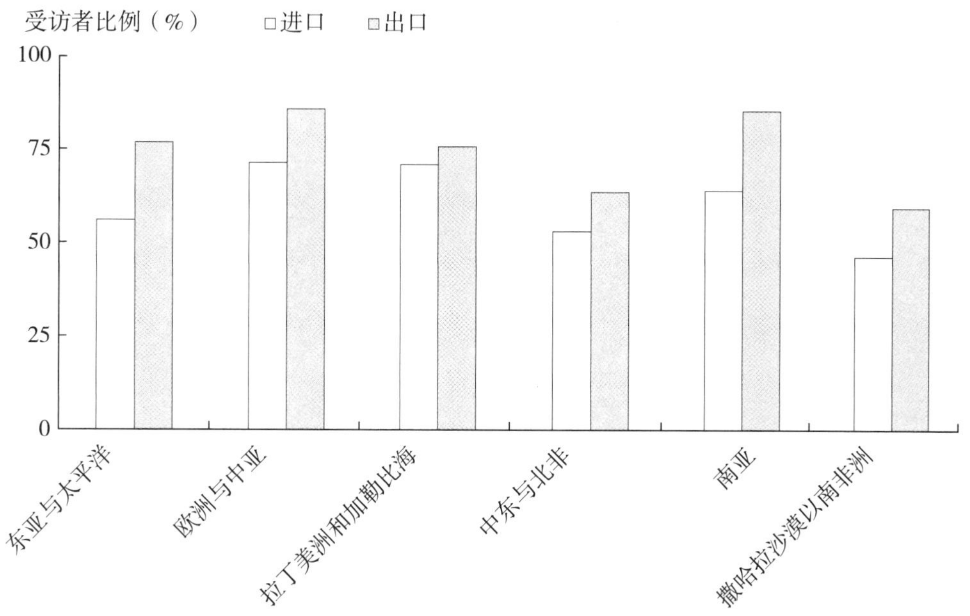

图 2.7 世界银行不同发展中国家业务地区认为货运“经常”或“几乎总是”在既定时间内得到清关和配送的受访者比例

资料来源：2016 年物流绩效指数。

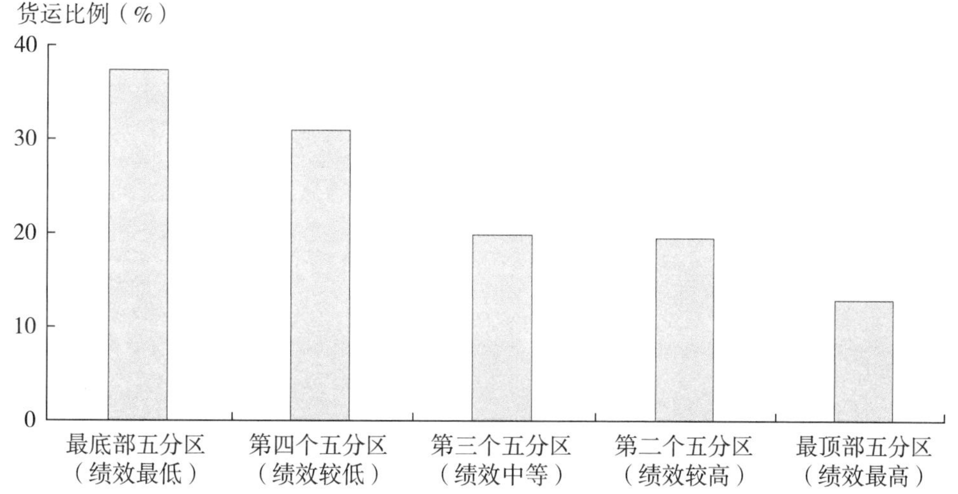

图 2.8 不同 LPI 五分区中不符合公司质量标准的货运比例

资料来源：2016 年物流绩效指数。

第三部分

前进道路上的新挑战：贸易便利化与物流

自第一版 LPI 报告出版以来已经将近 10 年了。物流作为一项政策关注点的地位已经牢牢确立了。不仅仅是私营企业高管，所有类型国家的政策决策者均意识到了高效供应链对国家经济的贡献。提高物流绩效的政策实施与干预的经验多种多样，且越来越有据可查。

然而，在过去的 10 年里，物流工作计划发生了优先次序的转变。首先，物流绩效政策的范围正从贸易与运输便利化中的边境问题向国内绩效问题转移。此外，物流产业与公共部门不得不解决面临的主要问题，如提高自身技能和能力水平。人们将更加重视对供应链的运作和可持续性的管理，从而调节社会环境目标与物流绩效之间的关系。

改革的复杂性：远离边境?

LPI 及其调查的关注点在于国际供应链的绩效。货物跨国运输及物流服务或贸易及运输便利化的改善已成为 LPI 首要关注的领域。物流政策并非仅限于运输与贸易便利化，它是边境日程的一部分，包括服务、设施修建、基础设施和空间规划。

贸易与运输便利化仍是低绩效国家需要优先考虑的事项

截至目前，在发展中国家背景下，国际机构举办的国际论坛及提供的支持在很大程度上将重点放在国际贸易与运输便利化方面。在过去 15 年里，有两个领域获得了实质性支持。

- 旨在改进海关流程和协调其他机构管控的边境管理改革。例如，风险管理、减少实物检查、自动化和实施单窗口以促进信息共享，以及提高贸易商信息与交易的透明度。
- 贸易走廊与运输便利化项目对于解决内陆发展中国家需求和改进以下方面至关重要：过境与边境基础设施（例如，一站式边境设施，见表框 3.1）、过境手续，以及减少过境过程中的管控。

表框 3.1　贸易便利化改革：东非的北部走廊

北部走廊通过肯尼亚的蒙巴萨海港将布隆迪、卢旺达和乌干达联结起来，同时还可为刚果、南苏丹和坦桑尼亚提供服务，从而将东非共同体五国和其他一些国家联结起来，并在货物的运输和贸易中起到了重要作用。北部走廊之前曾因存在贸易与运输多重障碍而闻名，包括长时间驻留于蒙巴萨港以及沿北部走廊的烦琐清关手续。在 2012—2013 年间，北部走廊国家开始实施一系列改善物流环境和降低物流成本的改革。

改革项目之一就是在东非共同体内引入单一关税区清关手续，包括布隆迪和坦桑尼亚。这意味着在进入蒙巴萨港时已经可以办理自由流通的最终海关清关手续。之后，在此港口相应内陆国家（如卢旺达）的海关官方即可对货物放行。同时，不必在海关管控下运输，因为已经进行了正式支付。这一体系可显著减少行政负担，并可显著缩短海关手续所需的时间（见下图）。其他对北部走廊具有积极影响的重要贸易便利化措施包括：

- 引入区域性海关过境体系；
- 与海关信息技术（IT）系统互联；
- 引入货物追溯系统；
- 改善机构间协调机制；
- 开始提前备案申报；
- 按每周一次频次，对北部走廊进行详细监测[1]；
- 引入网络化单一窗口；
- 引入数字化货物追溯系统；
- 建立一站式边防哨所；
- 减少重量管控和其他管控。

上述改革对走廊的积极影响如下：

- 在蒙巴萨港的平均驻留时间从 2006 年的平均 13 天降至 2016 年的 2～3 天[2]；
- 肯尼亚和乌干达之间的马拉巴边境过境点边境清关时间从 2012 年 12 月的 24 小时大幅降至 2013 年 1 月的 6 小时[3]；
- 肯尼亚海关总署估计将货物从蒙巴萨港运至坎帕拉的时间将从 18 天降至 3 天，从蒙巴萨港运至基加利所需时间将从 21 天降至 6 天。

因此，经商成本大约会降低 50%[4]。北部走廊这一案例表明，如果存在很强的行政改革政治意愿，物流环境可迅速得到改善。在某些情况下，改革甚至会领先基

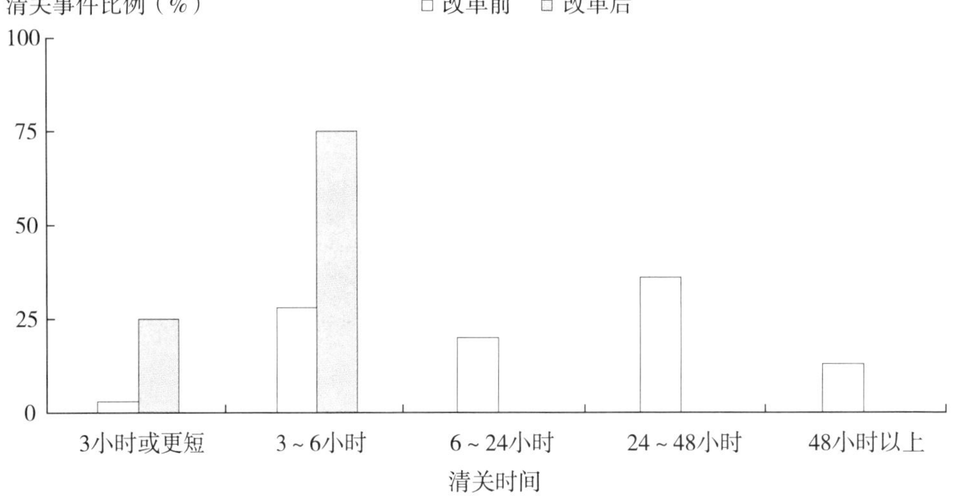

肯尼亚—乌干达边境过境点（马拉巴）不同时间内清关事件比例

资料来源：世界银行。

础设施建设。该案例还表明，考虑到贸易对贸易商的收益，软改革的投资回报要比任何基础设施项目高得多。

注释：

1. "Northern Corridor Performance Dashboard," Northern Corridor Transit and Transport Coordination Authority, Mombasa, Kenya, http://kandalakaskazini.or.ke。

2. 2005 年世界银行数据；"Northern Corridor Performance Dashboard," Northern Corridor Transit and Transport Coordination Authority, Mombasa, Kenya, http://kandalakaskazini.or.ke。

3. 世界银行数据。

4. Memo (2014)。

可以说，在项目设计与实施方面，人们可以获取丰富的经验①。相关机构已经正式批准并通过了贸易与运输便利化的原则，许多国际协定在联合国相关部门及专门机构（世界海关组织和世界贸易组织）的支持下已经采用了这一原则。国际陆路运输协定（Transport International Router，TIR）、京都公约，以及最新订立的 WTO 贸易便利化协定等均在为发展中国家激励、引导和提供明确的技术指标方面起到了重要作用。其他举措，并不一定是全球性的，也为各项活动提供了支持（见表框 3.2）。某些活动由于涉及多个国家，实施起来较为困难。面临严重限制的国家（如内陆国家）存在特殊的需求。尽管源自西欧的过境体系提供了有效基准，但仍然难以对过境制度加以改进②。服务部门的绩效，尤其是货运业，对于内陆物流的成本和可靠性非常关键。在非洲，加强这些市场尤为困难，因为必须在多个国家同时加以改进③。世界银行最近在布基纳法索和科特迪瓦试点进行了政策性贷款，其目标是使这两个国家的货运业达到现代化水平并加以巩固。

LPI 调查结果（尤其是第二部分的内容）肯定了贸易便利化日程的突出作用。然而，调查还表明，除最底部五分区的国家外，许多发展中国家已跻身于顶级绩效国家行列。例如，信息技术的利用以及清关所需的文件数量已不再是三个较高五分区的差异所在。在超过某种程度后，遵守贸易与运输便利化的核心准则可能不是物流绩效的主要驱动因素，其他因素（如物流服务与公众机构的行为与生产力）可能同等重要。

表框 3.2　解决物流问题的主要国际化新举措

自 2014 年版 LPI 报告发布以来，至少出现了两个可能会对参与国家产生积极影响的全球性新举措。

一带一路战略：一个可能会对物流运营商具有重要意义的举措就是一带一路战

① McLinden 等（2011）。

② Kunaka 和 Carruthers（2014）。

③ Raballand 和 Teravaninthorn（2009）。

略，该举措由中国倡议，60 多个国家参与。这一计划旨在改善丝绸之路沿线经济体以及始于中国主要航线沿线国家的贸易联结性。尽管该战略尚处于早期阶段，但仍具有一个宏观的视角。它将针对不同地域的物理基础设施、金融催化和资源投资，但硬件基础设施尚不充分，还需要软件政策配套，包括服务市场的监管改革，如运输、物流和电信。中国与某些参与国家（尤其是中亚国家）的贸易成本较高。从这一点来看，该战略有助于制订一套以业务为重点的广泛性计划，该计划适用于多个方面，以促进对贸易便利化和参与国家物流的投资。

跨太平洋伙伴关系协定（TPP）：2016 年 2 月，经过 7 年的谈判，12 个国家共同签订了跨太平洋伙伴关系协定[1]。目前，尚在等待批准，不确定其地位如何，也不明确这一举措能否在所有国家落地生根（编者注：美国总统特朗普于 2017 年 1 月 23 日签署行政命令，正式宣布美国退出跨太平洋伙伴关系协定。）。从物流的角度来看，该协定存在诸多相关领域。首先，物流是一种服务，因此，协定中关于服务贸易的条款可促进国际交流，从而涉及物流供应商。该协议还包括关于贸易便利化的条款，这与现有国际协定相一致。该协定在物流共同体方面有所创新——增加了快递服务的附录，该附录旨在平衡私营企业快递服务与传统邮政运营商之间竞争环境。如果能够得以实施，那么这些条款就有可能促进快递服务可用性较低国家此类服务的发展。

注释：

1. 成员国包括澳大利亚、文莱、加拿大、智利、日本、马来西亚、墨西哥、新西兰、秘鲁、新加坡、美国和越南。

中等和高收入国家制订了综合物流策略

然而，物流并非仅限于运输或贸易便利化，它仅是包括服务、设施建设、基础设施和空间规划的更广泛日程的一部分。目前，各国正日益面临着一系列即将实施的更为复杂的改革和举措。在同一国家组别内，改革方案的制订和实施最终会在全国或区域范围内开展。高收入和中等收入国家会逐渐从降低边境贸易成本的角度、从推动具有外部性（由于它与其他经济体及其显著社会及环境足迹的关联）的较大经济部门发展的角度来审视物流。

在地域面积较大国家，国内商业与物流是一项重要议题，因为内部联结性对于降低地理差异至关重要。其中大部分均与物流有关，在某些情况下，还包括内部障碍。鉴于其关注点及受访者基础，LPI 并不完全等同于国内物流绩效。

许多国家均曾进行过综合性战略活动，具有很强的公共—私营对话意味（见表框 3. 3）。这些活动的结果多种多样：优先权计划、监测与评估，或公共—私营推广机构，如荷兰的 Dinalog（荷兰先进物流研究所）。某些国家已经颁布了关于物流的法律，目的在于更好地定义物流业及其经营环境。法律的基本依据是，物流整合了很多活动，但可能没有得到用于工商企业的监管框架的支持。在这方面，国际经验仍然有限。截至目前，世界银行已经建议两个国家（希腊和摩洛哥）为物流制订监管框架。

表框 3.3 2025 年法国物流发展规划

“根据法国议会决议，法国 2015 年召开了一次全国物流大会，该大会由科学委员会筹备，确定了物流的状态并对当前形势进行了判断。这是政府首次批准的一项物流战略计划（2025 年法国物流发展规划），目前已经开始实施。该计划可归纳为 6 个主要主题：①劳动力、竞争力和教育；②物流在其区域或都市环境中的存在；③物流技术与管理的研究与创新；④基础设施优化利用；⑤监管协调与简化；⑥在指导委员会管理下对物流进行监测（衡量其社会、经济和环境绩效）。”

资料来源：Savy，2016。

数据驱动的改革日程

政策决策者正越来越多地寻求他们可以根据事实制订决策的数据。跨国基准（如 LPI）就很实用，且可以通过具体模式（如海运和空运）的联结指标加以补充。它们可提供国际可比性，但仍保持大致的基准。我们需要更为详细且更具特异性的数据来制订决策和评估决策对于港口、贸易走廊、边境口岸、货运改革等方面的影响，具体需要可分为以下两类：

- 特定供应链（例如，在贸易走廊或港口）绩效结果在成本、时间和可靠性方面的衡量。供应链流程自动化可提供衡量上述内容所需的原始数据。目前，我们在衡量贸易走廊绩效方面有着丰富的经验[①]。
- 物流成本和缩减成本对生产力和增长的影响。多个政府或国家物流协会已经通过具体的企业调查对这一影响加以监测，如巴西、法国、德国、马来西亚、北欧国家和泰国。这些调查试图评估制造业与商业的物流费用，并分析服务提供商的运营成本。多个国家包括希腊和哈萨克斯坦[②]借鉴了芬兰的调查模型。

正在建立的物流观测站用来收集、组织和解读这些数据集[③]。一些国家（包括加拿大、荷兰和南非）正在制订更为雄心勃勃的大数据投资计划，这一投资计划试图描绘一个国家的整套供应链，包含从托运人信息到追溯数据和其他信息（见表框 3.4）。

表框 3.4 南非：让（大）物流数据说话

南非与发展中经济体类似，严重依赖散装货运。散装货运是一个快速发展的服务业，同时又是一个艰难挣扎的制造业。虽然自 2008 年以来，物流成本占 GDP 的比例下降了 2.4 个百分点，但在第一和第二产业，物流成本大约相当于 GDP（按美元计算）的 50%。来自私营企业和南非科学与工业研究理事会和斯泰伦博什大学的研究者进行了长达 20 年的以数据为中心的货流与物流成本研究，得出上述发人深省

① Raballand 等（2008）。
② Solakivi 等（2012）。
③ ITF 等（2012）。

的数据。

包括美国在内，南非是少数进行了基于统计的时间系列宏观物流成本研究的国家（见下图）。在2004—2014年期间，这项工作每年以物流态势（State of Logistics）TM调查报告的形式发布一次[1]。从2015年开始，物流态势TM调查报告由斯泰伦博什大学发布的南非物流晴雨表（Logistics Barometer South Africa）所替代[2]。物流晴雨表对成本驱动因素和市场动态（塑造物流行为（区分不同的地理区域和行业），提供关于南非经济运行状况的详细情况）进行了更为深入的研究。这是人们在收集、校准和分析大数据集的重要一步，这些数据主要来自私营企业。

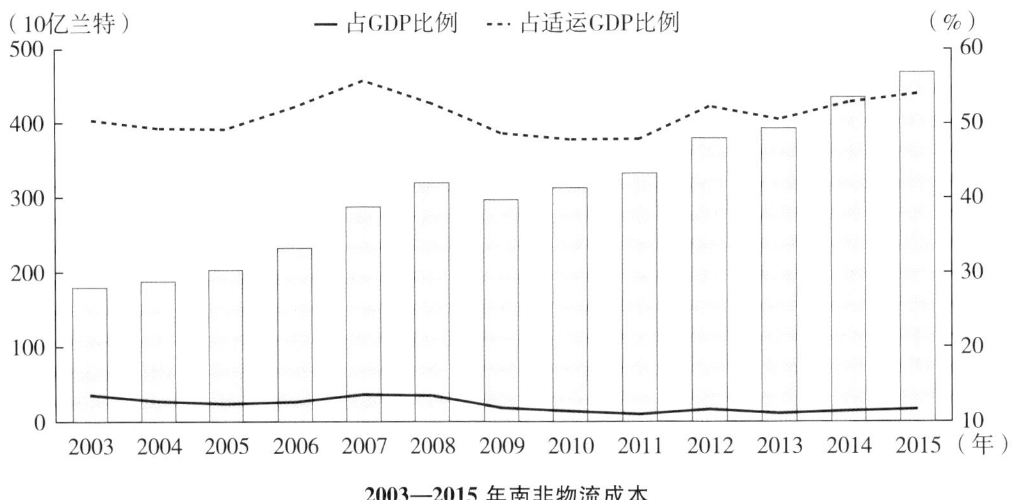

2003—2015年南非物流成本

资料来源：2016年物流绩效指数。

注释：

1. State of LogisticsTM调查（数据库），科学与工业研究理事会，南非，比勒陀利亚，http://www.csir.co.za/sol/.

2. Logistics Barometer（数据库），斯泰伦博什大学，南非，斯泰伦博什.

资料来源：Jan Havenga，斯泰伦博什大学物流系。

在竞争压力下提高竞争能力

大多数专家均认为2008年的金融危机恰逢全球贸易发展的新趋势，从而终结了贸易以及物流增长快于生产的这一阶段。据WTO称，自该危机过后，贸易和生产增长速度均维持在平均2.5%的水平①。因此，许多运输与物流细分市场均在艰难应对产能过剩、运费水平较低和盈利能力差等问题。对主要细分市场的影响和行业的反应将在下文进行简要阐述。从网络与产品角度而言，这会对行业发展带来压力。提高物流服务质量和竞争力的积极主动政策也应适应这一新常态。

① WTO（2015）。

更多的网络：物流业应对贸易增长的影响下降

自2008年起，从海运开始，航运市场运费水平频创新低，且近期展望前景黯淡，尤其是散货和油轮运输。散货海运主要运费指数于2016年2月创下历史新低，相应油轮指数下降至非常低水平或在2016年大多数月份保持较低水平①。尽管自2008—2009年金融危机以来世界海运贸易已经从2009年的78.6亿吨或40万亿吨英里增长至2015年的100亿吨或54万亿吨英里以上，但这一情况仍表明航运存在严重供过于求②。

虽然全球集装箱货运量平均增长率较高（自2010年以来每年为5%），但集装箱运费水平却仍然很低③。自2013年以来，已有20多艘可载至少1.8万标准箱（TEU）的货轮进入主交易，并且2015年所有的集装箱订单中有一半以上在1.8万~2.2万TEU范围内。这对集装箱运输的运营模式和竞争力存在实质性影响。虽然，海运费较低对于托运人来说是个好消息，但即使是运费再创新低，也不一定会带来更多的货运量④。

据波音公司称，如果按吨位计算，目前航空货运量仅占全球贸易量的1%，但如果按货物价值计算，其所占全球贸易的比例可达35%⑤。因此，航空货运对贸易物流的重要性不言而喻。2008年的经济危机同样也重创了全球空运市场：2011年危机后空运高峰期的货运量为1950亿吨公里，直至2015年才超过这一数字。空客公司预计空运货运量将在2015年2000亿吨公里的基础上每年增长4.4%，并于2034年达到4800亿吨公里。这在很大程度上是得益于新兴市场，尤其是亚太地区的新兴市场，预计该地区的一般货运或快递货运均将继续增长。

国际咨询机构Armstrong & Associates公布的2013年和2014年全球最大货运代理商名单显示，排名前20位企业的总收入分别为1850亿和1890亿美元⑥。货运代理业（包括最大的物流服务提供商）的收益有所下降，尤其是在2008年以后，且盈利率一直保持偏低水平⑦。全球货运代理市场仍分散为全球供应商混合体，数以

---

① 参见“波罗的海干散货运价指数（Baltic Dry Index）”，劳埃德船舶日报（数据库），匡蒂尔，多伦多，https：//www. quandl. com/data/LLOYDS/BDI。也可参见“波罗的海干散货运价指数（Baltic Dry Index）”，劳埃德船舶日报（数据库）Lloyd’s List Intelligence（数据库）海洋情报，英国英富曼有限公司（伦敦），http：//www. lloydslistintelligence. com/llint/tankers/baltic – index. htm.

② UNCTAD（2015）。

③ UNCTAD（2015）。还可参见其他文献，如Lakshmi（2016），HangLiang（2016）。

④ UNCTAD（2015）。

⑤ Boeing（2015）。

⑥ 参见《物流管理》（2014，2015）。阿姆斯特朗联合公司（Armstrong & Associates）按物流业务收入排名，2014年全球物流五强分别为：第一，敦豪物流（DHL Supply Chain及敦豪全球货运物流DHL Global Forwarding）（322亿美元）；第二，德讯公司（Kühne + Nagel）（233亿美元）；第三，德铁辛克物流（DB Schenker Logistics）（199亿美元）；第四，日本通运（Nippon Express）（179亿美元）；第五，瑞士泛亚班拿公司（Panalpina）（73亿美元）。这五家公司的总收入为1006亿美元，占排名前20位公司的53.2%。前五位中有4家或前20位中有10家总部位于欧洲。

⑦ 参见2016年3月的《施蒂费尔物流信心指数》，https：//www. ajot. com/news/a – return – to – decline – stifel – logistics – confidence – index – falls – month – on – month。

百计的中型企业以及数以万计竞争者共同构成了颠覆性的市场力量，范围涉及从改变需求模式、全球供应链日益复杂，到不断变化的客户基础和改变客户的关系。

这意味着货运代理商必须加倍努力来维持其收入，还有更重要的，就是保持盈利率。之所以要这样，原因之一就是运输模式从空运向海运的转变[①]。这种趋势背后的主要驱动因素就是经济衰退，这促使贸易商寻求降低供应链成本同时保持效率的途径。与此同时，全球货流也变得更为分散：20 世纪 90 年代早期，全球 2/3 的货物通过排名前 50 条贸易航线运输，而在 2010 年，这一比例仅为 1/3[②]。

许多大型物流服务提供商正面临着操作性问题，包括老式的 IT 系统，老式的 IT 系统可能是基于 20 世纪 90 年代的 IT 架构。在竞争激烈的市场中，将全公司更新为最新 IT 系统会造成市场份额受损和下降的重大风险，这已经成为推后这种变更的主要原因。近年来，物流服务提供商（尤其是大型企业）运作的一个显著特点，就是越来越强调可持续和环保的做法。这在很大程度上是一种客户驱动的响应，而且市场有迹象表明采用可持续经营策略的物流服务提供商会在未来的市场中更加强大。

这就迫使中小型货运代理商在手动输入数据尚很普遍的环境中做得更好并提高效率。他们已经从单纯的代理商发展到可提供广泛服务的供应商，如一体化或第三方、第四方物流服务。这经常会涉及创建或维护广域网络或对广域网络忠诚，通常是以一名非资产运营商的身份。这意味着作为发货人、收货人和必需物流提供商的中间人的货运代理商，很少拥有自己的相关设施和运输工具。

最近，中小型货运代理商发展业务及增加销量之路的一个显著特点就是出现了覆盖地域广、甚至是全球范围内的大型联盟。依附于这样的联盟（某些联盟已有数百个成员），即使是可能需要某种 IT 系统定位，通常也不必进行较大的投资，尤其是在营销、客户管理和选择性操作界面方面。某些更为健全的联盟是排外的，因此一家企业不能同时成为多个竞争网络或联盟的会员。某些企业还具有不同层次的会员资格。目前，即使没有数百家，也会有数十家这样的货运代理商联盟。在过去 10 年里，这类网络的形成并不新鲜。实际上，几个世纪以来这已经成为货运代理商的惯例。新的是这些联盟形成与维持的方式，以及其成员如何才能提供多功能服务来满足来自广阔地域的广泛客户需求。

物流业中的大型企业已经试图通过对这类运营方式进行广泛内化来达成其类似的竞争优势，从而使其与市场中的网络相结合，在市场中独立运营是不可行的。因此，货运代理目前在世界大部分地区均为一个高度竞争的行业。在货运代理业中还会为运营商创造开发更多增值服务并为发展中市场的发货人提供这类服务的需求[③]。

---

① Manners – Bell 和 Lyon（2015）。

② http：//www. scmr. com/article/freight_ forwarding_ market_ going_ through_ structural_ change。

③ 还可参见 Langley 与 Capgemini Consulting 公司（2014）。

物流技能、能力与培训

运输、仓储及搬运货物均为劳动密集型工作。因此，拥有熟练物流员工就成为供应链绩效的一种重要决定因素。世界银行全球贸易团队和汉堡屈内物流大学即将发布的联合报告，对 28 个发展中及发达国家的优质员工，以及目前物流业培训和教育现状进行了评估①。为对本报告的分析进行补充，我们在 2016 年版 LPI 报告中首次加入了关于物流技能与能力的问题。该问题要求受访者说明四类物流人员中优质员工的可用性（从最高至最低）：

- 操作人员，如卡车司机或仓库搬运工；
- 行政人员，如交通规划员、督办员和仓库文员；
- 物流监督人员，如仓库当班主管或交通管制员；
- 物流管理人员，如负责运输、仓储作业或供应链管理的人员。

2016 年 LPI 调查结果支持了物流业面临优质员工全球性短缺这一发现。无论是在发展中国家还是发达国家，在这四类员工均缺乏优质员工，LPI 最底部五分区的国家尤为严重（见图 3.1）。在这些国家中，中间层物流员工（即行政人员和监督人员）短缺状况最为严重。在第四个五分区也存在类似的情况，认为所有四个员工组中优质员工可用性低或非常低的受访者比例大约为 1/3。技能短缺问题并不那么严重，在第三、第四和第五个 LPI 五分区也是如此。

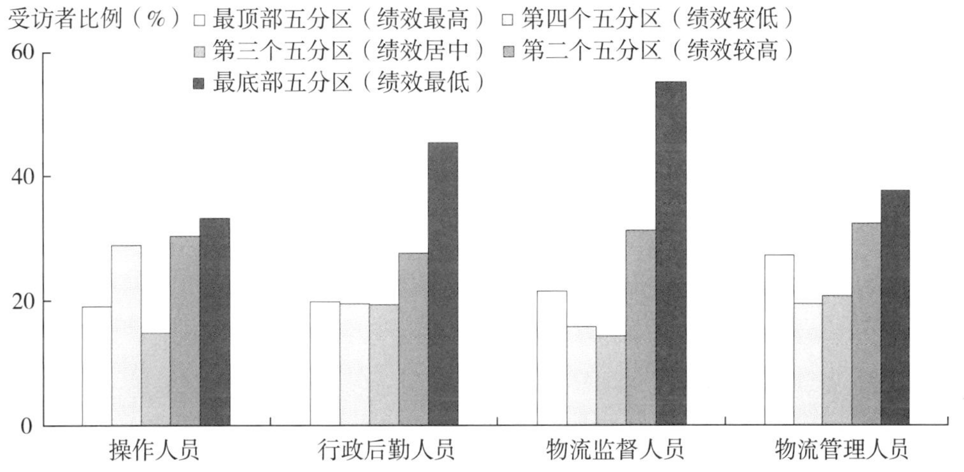

图 3.1　认为不同员工组和 LPI 五分区优质员工可用性“低”或“非常低”的受访者比例

资料来源：2016 年物流绩效指数。

在分地理区域进行分析时，拉丁美洲和加勒比海地区是与其他地区相比在所有员工组别存在最大技能差距的地区（见图 3.2）。例如，43% 的受访者认为物流管理人员（即负有最复杂责任的员工）的可用性低或非常低。然而，其余三个员工组

① 世界银行和 KLU，即将发布。

（操作人员、行政人员和监督人员）也分别大约有 1/3 的受访者认为优质员工可用性低或非常低。

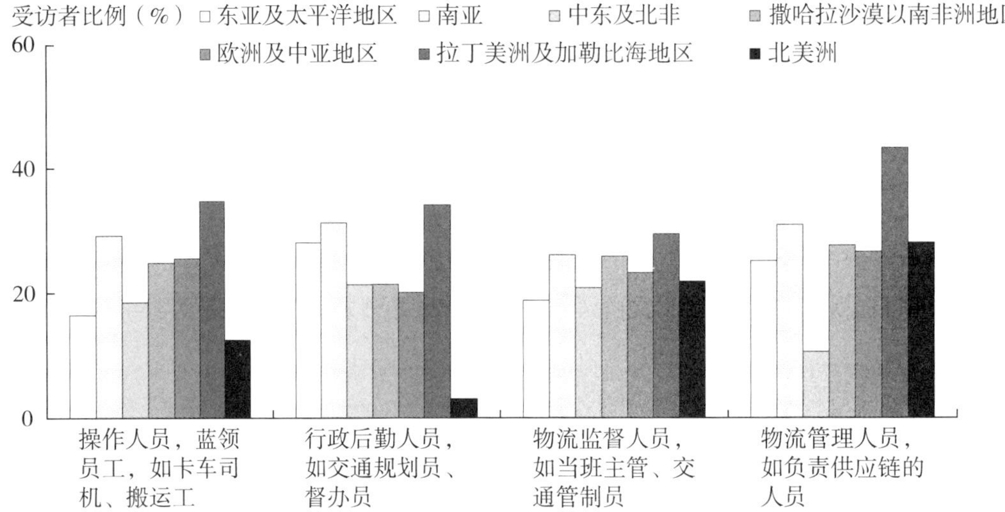

图 3.2 认为不同员工组和地区优质员工可用性“低”或“非常低”的受访者比例

资料来源：2016 年物流绩效指数。

相比较而言，南亚和撒哈拉沙漠以南非洲的受访者认为在所有组别优质员工缺乏高达 20% ~30%。东亚和太平洋地区情况与其他地区存在细微差别，行政人员和管理人员要比操作人员和监督人员更为短缺。在中东和北非地区，因管理人员（11%）和其他员工组（分别约为 20%）员工短缺率较低而较为突出。这可能是过去数十年引入的物流和供应链管理高等教育计划（学士和硕士）结果良好的原因。摩洛哥就是这类国家的一个例子，由于引入了上述高等教育计划，因此不存在管理人员短缺的问题，但在雇用低复杂性员工（如卡车司机、仓库文员）时在该国仍存在一定的困难。

世界银行和屈内物流大学报告中的其他发现包括如下几点：

- 雇用与留住问题。从寻找并留住卡车司机，到寻求高级供应链管理职位的胜任者，困难重重，尤其是后者问题更为棘手。由于目前物流业工作人员技能水平不足导致这种情况更为严重。因此，物流运作效率和物流服务质量也受到了一定的影响。
- 除少数几个国家（如德国和英国）外，物流培训通常仅限于短期、在职培训，其特点是培训预算低、专业知识来源有限，且教育水平质量低。
- 技能短缺的原因包括：相对于其他行业工资水平较低，操作性物流员工职业声望低，职业学校配备不足，物流中心通常位于偏远地区导致劳动力不足，以及物流先进 IT 发展超出了现有员工的胜任能力。

为解决物流业技能短缺的问题，需要对员工进行培训，但要求这种培训能够在教育业与物流业预算偏紧、成熟度不高的情况下进行。学徒制和双元制教育举措（如在德国）能够起到一些作用，因为可以建立大学分校或采取混合式学习方法。

公司也可以通过提供透明的职业发展规划、人力开发投资、具有吸引力的工作环境和公平分配的奖励与责罚来为留住员工尽自己的一分力。政府可以通过一些干预措施（包括监管政策、课程编制、为培训计划提供财务支持、能力标准协调，以及通过人力资本投资来对基础设施建设提供补充）来支持物流业提高能力水平。

物流碳足迹与可持续性管理

绿色物流

和前两版调查一样，本版调查也设置了一道关于环保型国际物流需求的问题，调查结果与前两版调查一样。环保型供应链与物流绩效较高有关（见图 3.3）。这一趋势是好消息，因为物流碳足迹相对较大，不仅仅是在经济方面，在环境方面也是如此。除了其货运要素外，我们尚未对物流碳足迹的高低进行很好的评估。据估计，货运温室气体排放比例为运输排放量的 42%，占总排放量的 7%[①]。从长期来看，2050 年货运物流排放量所占比例预计会增长至 60%[②]。

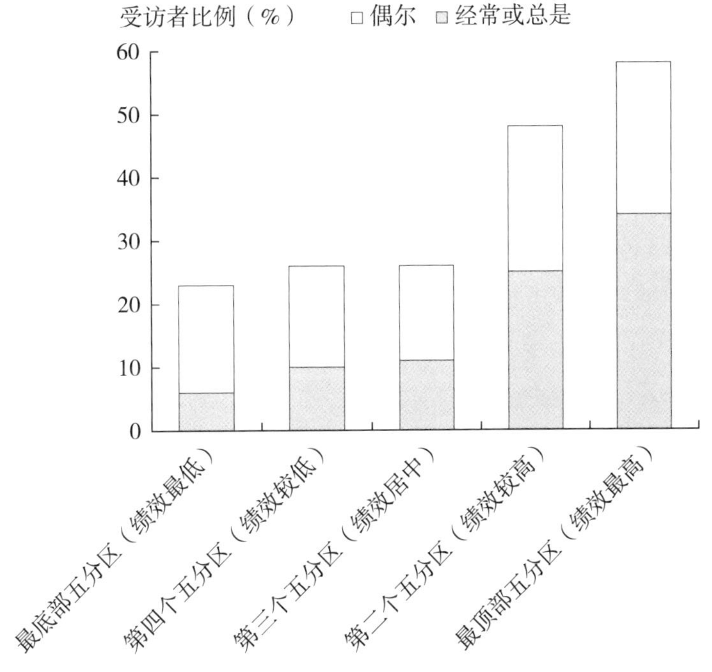

图 3.3　绿色物流需求

注：图中数据列出了受访者对“在运往某国时，发货人要求采用绿色物流（如考虑排放水平、选择运输途径、运输工具、时间安排，等）的频次”这一问题答案（经常、总是或偶尔）的比例。经济体按 LPI 五分区归类。

资料来源：2016 年物流绩效指数。

① ITF（2015）。

② ITF（2015）。

上述研究结果与许多大型跨国公司不断增长的自愿的目标相一致。其中许多公司已经宣称其2010—2020年间相对于产出的碳排放强度将降低20%~40%①。通常来说，预计可通过采用低重排放运输模式和货运中更好的负荷因素来达成上述目标。环保物流需求对针对绿色货运的一系列政策干预措施起到了补充作用，这种绿色货运通常可通过激励和提高标准来提高能效或改变能源结构②。

从政策的角度来看，目前尚不明确的是如何进行政策干预，要求这种政策干预不但以物流供给为目标，还要提高环保型物流的需求，包括发展中国家。仅有少数几个国家（最具代表性的荷兰，采用Lean and Green计划）不仅针对运输业还针对发货人实施了一系列政策，并在公共和私营企业之间进行了对话③。

物流与空间规划

另一个重要可持续问题，是围绕物流的物理足迹，从性质上看更具地方性。由于发展中国家城市化进程日益加快，快速增加的城市货源势必会对经济（如效率低下和城市竞争力）、环境（空气污染与噪声）和社会（生活质量、健康和经济可行性）产生显著影响。

大多数物流活动不但需要占用大片的土地来建设各种设施（如仓库），还需要联结上述物流中心的良好交通基础设施。然而，大多数货物最终都是在人口密集地区配送和销售的。物流（包括物流活动，如仓储）不仅要争夺空间，还要在人口密集地区产生交通流量。几位作者曾指出许多发展中国家传统行业存在主导优势，而且这些行业可能会继续保持主导地位④。发展中国家的零售商店的销量低且库存有限。这意味着物流也存在高密度，因为存在大量伴有较多中间步骤的小货物交付。

在港口城市，最繁忙的海港和机场的发展同时受制于缺乏扩建所需的合适土地，尤其是临近甚至是位于城市或郊区的设施。在欧洲和亚洲的许多大型海港，2004/2005年度来往中国的运输量激增，促使港口开发内陆地区（陆港）以更高效和环保的方式来应对快速增长的运输量⑤。

城市物流相关对策、政策、规划和法规的实施可降低这些影响，且有助于经济、环保和社会发展的可持续性。因此，为保证可持续发展，城市物流至关重要⑥。虽然LPI调查尚未囊括这一点，但城市物流吸引了政策决策者越来越多的关注，这些政策决策者必须协调高效物流与空间问题之间的关系。因此世界银行正越来越多地参与巴西、中国、肯尼亚、摩洛哥和其他国家的城市物流项目。

物流不仅将企业与国内、国际市场联结起来，而且还关系着更广泛的政策问题。

---

① Kopp、Block和Limi（2012），McKinnon等（2010）。

② 同上。

③ www. lean - green. nl。

④ Blanco（2014）。

⑤ Cullinane、Bergqvist和Wilmsmeier（2012）。

⑥ Savy（2014）。

前几版 LPI 报告根据物流绩效水平着重强调了改革议程复杂性和优先次序的差异。目前，这些因素仍然存在相关性。

在低绩效国家，物流改革仍纠缠于贸易与运输便利化议程，来解决边境管理改善、过境便利化和核心基础设施建设（尤其是贸易走廊和边境设施）问题。中、高绩效国家在解决更广泛且更复杂的问题，这不仅仅是针对供应链边境要素，而且还针对解决国内供应链绩效与外部效应的一系列政策。

因此，政策决策者可能会越来越多地关注上文概括的政策前沿问题，尤其是在发达与新兴经济体以及为其提供建议的组织。诸如国内供应链、可持续性或劳动力供给和技能等方面均存在创新潜力，需要在哪些有用哪些无用的实践性知识方面给予重大投资。因此世界银行对实施新方法来改善城乡物流或利用大数据来绘制国内供应链地图非常感兴趣。

参考文献

Airbus. 2015. *Global Market Forecast 2015–2034.* http://www.airbus.com/company/market/forecast.

Arvis, Jean-François, Monica Alina Mustra, Lauri Ojala, Ben Shepherd, and Daniel Saslavsky. 2010. *Connecting to Compete 2010: Trade Logistics in the Global Economy.* Washington, DC: World Bank.

———. 2012. *Connecting to Compete 2012: Trade Logistics in the Global Economy.* Washington, DC: World Bank.

Arvis, Jean-François, Monica Alina Mustra, John Panzer, Lauri Ojala, and Tapio Naula. 2007. *Connecting to Compete 2007: Trade Logistics in the Global Economy.* Washington, DC: World Bank.

Arvis, Jean-François, Gaël Raballand, and Jean-François Marteau. 2010. *The Cost of Being Landlocked: Logistics Costs and Supply Chain Reliability.* Washington, DC: World Bank.

Arvis, Jean-François, Daniel Saslavsky, Lauri Ojala, Ben Shepherd, Christina Busch and Anasuya Raj. 2014. *Connecting to Compete 2014: Trade Logistics in the Global Economy.* Washington, DC: World Bank.

Arvis, Jean-François, and Ben Shepherd. 2011. "The Air Connectivity Index: Measuring Integration in the Global Air Transport Network." Policy Research Working Paper 5722, World Bank, Washington, DC.

———. 2013. "Global Connectivity and Export Performance." *Economic Premise* 111 (March). World Bank, Poverty Reduction and Economic Management Network, Washington, DC.

Arvis, Jean-François, Ben Shepherd, Yann Duval, and Chorthip Utoktham. 2013. "Trade Costs and Development: A New Data Set." *Economic Premise* 104 (January). World Bank, Poverty Reduction and Economic Management Network, Washington, DC.

Arvis, Jean-François, Graham Smith, Robin Carruthers, and Christopher Willoughby. 2011. *Connecting Landlocked Developing Countries to Markets: Trade Corridors in the 21st Century.* Washington, DC: World Bank.

Blanco, Edgar E. 2014. "Urban Freight and Port Cities." Concept Note, Report 85872, World Bank, the Netherlands Ministry of Foreign Affairs, Washington, DC.

Boeing. 2015. *World Air Cargo Forecast 2014–2015.* http://www.boeing.com/commercial/market/cargo-forecast/.

Cullinane, Kevin, Rickard Bergqvist, and Gordon Wilmsmeier. 2012. "The Dry Port Concept: Theory and Practice." *Maritime Economics & Logistics* 14 (1): 1–13.

Charles Kunaka, Robin Carruthers. 2014. Trade and Transport Corridor Management Toolkit. Washington, DC: World Bank.

Hoffmann, Jan, and Lauri Ojala. 2010. "Transport Newsletter No. 46, Second Quarter 2010." United Nations Conference on Trade and Development, Trade Logistics Branch, Division on Technology and Logistics, Geneva. http://unctad.org/en/docs/webdtltlb20103_en.pdf.

Hong Liang, Lee. 2016. "Container Shipping Freight Rates May Improve in 2016: Bimco." *Seatrade Maritime News*, March 16. http://www.seatrade-maritime.com/news/americas/container-shipping-freight.

ITF (International Transport Forum). 2015. *ITF Transport Outlook 2015.* ITF, Paris. http://www.itf-oecd.org/itf-transport-outlook-2015.

———. 2016. "Logistics Development Strategies and Performance Measurement." ITF Roundtable Report 158, ITF, Paris. http://www.itf-oecd.org/logistics-development-strategies-and-performance-measurement-0.

Kiisler, Ain, and Tomi Solakivi. 2014. "Logistika osakaal Eesti" [Estonian logistics survey]. January. Balti Logistika, Tallinn.

Kopp, Andreas, Rachel I. Block, and Atsushi Iimi. 2012. *Turning the Right Corner: Ensuring Development through a Low-Carbon Transport Sector.* Directions in Development: Environment and Sustainable Development Series. Washington, DC: World Bank.

Lakshmi, Aiswarya. 2016. "BIMCO: Dry Bulk Recovery Will Be a Multi-Year Effort." *Maritime Reporter and MarineNews*, May 4. http://www.marinelink.com/news/multiyear-recovery-bimco409137.aspx.

Langley, C. John Jr., and Capgemini Consulting. 2014. *2014 Third-Party Logistics Study: The State of Logistics Outsourcing.* Capgemini Consulting, Paris. https://www.capgemini.com/resource-file-access/resource/pdf/3pl_study_report_web_version.pdf.

Logistics Management. 2014. *The Top 25 Freight Forwarders in 2013.* http://www.logisticsmgmt.com/article/freight_forwarders_leaders_prepare_for_demand_surge.

———. 2015. *The Top 25 Freight Forwarders in 2014.* http://www.logisticsmgmt.com/article/top_25_freight_forwarders_gaining_momentum.

Manners-Bell, John, and Ken Lyon. 2015. *The Future of Logistics: What Does the Future Hold for Freight Forwarders?* Kewill and Ti. http://www.supplychain247.com/article/what_does_the_future_hold_for_freight_forwarders.

McKinnon, Alan C., Sharon Cullinane, Michael Browne, and Anthony Whiteing, eds. 2010. *Green Logistics: Improving the Environmental Sustainability of Logistics.* London: Kogan Page.

McLinden, Gerard, Enrique Fanta, David Widdowson, and Tom Doyle, eds. 2011. *Border Management Modernization.* Washington, DC: World Bank.

Memo, Beatrice. 2014. "Single Customs Territory, The Key to Regional Integration: The Case Study of EAC Region." Presentation at the WCO Revenue Conference, Brussels, June 30–July 1.

Mongelluzzo, Bill. 2012. "Single Border Portal Tops Importers' Wish List." *Journal of Commerce* (March 3).

Mustra, Monica Alina, Jean François Arvis, John Arnold, Robin Carruthers, and Daniel Saslavsky. 2010. *Trade and Transport Facilitation Assessment.* Washington, DC: World Bank.

Ojala, Lauri. 2009. "Market Structure and Service Provision." PowerPoint presentation for course LOGS10: Logistics Services and Markets, Turku School of Economics, Finland, October 27.

Ojala, Lauri, and Cezar Queiroz, eds. 2000. "Transport Sector Restructuring in the Baltic States: Proceedings of a Ministerial Seminar Held in Riga." Turku School of Economics and Business

-rates-may-improve-in-2016-bimco.html.

IEA (International Energy Agency). 2012. *Energy Technology Perspectives 2012.* https://www.iea.org/publications/freepublications/publication/ETP2012_free.pdf.

Raballand, Gaël, and Patricia Macchi. 2009. "Transport Prices and Costs: The Need to Revisit Donors' Policies in Transport in Africa." BREAD Working Paper 190. Bureau for Research and Economic Analysis of Development, Duke University, Durham, NC.

Raballand, Gaël, Jean-François Marteau, Charles Kunaka, Jean-Kizito Kabanguka, and Olivier Hartmann. 2008. "Lessons of Corridor Performance Measurement" SSATP Discussion Paper 7, Sub-Saharan Africa Transport Policy Program. World Bank, Washington, DC.

Raballand, Gaël, Salim Refas, Monica Beuran, and Gözde Isik. 2012. *Why Does Cargo Spend Weeks in Sub-Saharan African Ports? Lessons from Six Countries.* World Bank, Washington, DC.

Raballand, Gaël, and Supee Teravaninthorn. 2008. *Transport Prices and Costs in Africa: A Review of the International Corridors.* Washington, DC: World Bank.

Royal, Ségolène, Emmanuel Macron, and Alain Vidalies. 2016. "France Logistique 2025: Une stratégie nationale pour la logistique." March. Ministry of Ecology, Energy, Sustainable Development, and Spatial Planning, Paris. http://www.developpement-durable.gouv.fr/IMG/pdf/DP_-_France_Logistique_2025_-_24-03-16-2.pdf.

Saslavsky Daniel, and Ben Shepherd. 2013. "Facilitating International Production Networks: The role of Trade Logistics." *Journal of International Trade & Economic Development: An International and Comparative Review.*

Savy, Michel. 2014. "City Logistics: A Public / Private Comprehensive Approach." Paper presented at the "8th Bi-annual Postal Economics Conference: E-Commerce, Digital Economy, and Delivery Services," Toulouse School of Economics, Toulouse, France, April 3–4.

———. 2016. "Logistics as a Political Issue." *Transport Reviews* 36 (4): 413–17.

Administration, Finland, November 16–17.

———, eds. 2004. "Transport Sector Restructuring in the Baltic States towards EU Accession." Proceedings of the 2nd Seminar held in Parnu, November 24–25, 2003. World Bank, Washington, DC.

Shepherd, Ben. 2013. *Aid for Trade and Value Chains in Transport and Logistics.* Geneva: World Trade Organization; Paris: Organisation for Economic Co-operation and Development.

Solakivi, Tomi, Lauri Ojala, Harri Lorentz, Sini Laari, and Juuso Töyli. 2012. "Finland State of Logistics 2012." Publication 25/2012, Ministry of Transport and Communications, Helsinki. http://www.lvm.fi/en/-/finland-state-of-logistics-2012-813451.

Stellenbosch University. 2015. Logistics Barometer South Africa 2015. ISBN: 978-0-620-65997-0 (e-book). http://www.sun.ac.za/logisticsbarometer

UNCTAD (United Nations Conference on Trade and Development). 2003. "Almaty Declaration." International Ministerial Conference of Landlocked and Transit Developing Countries and Donor Countries and International Financial and Development Institutions on Transit Transport Cooperation, Almaty, Kazakhstan, August 28–29. http://unctad.org/en/docs/aconf202l2_en.pdf.

———. 2010. "A Comparison of the LPI and the LSCI." *Transport Newsletter* 46: 7–8. http://archive.unctad.org/en/docs/webdtltlb20103_en.pdf.

———. 2015. *Review of Maritime Transport 2015.* UNCTAD, Geneva.

World Bank and KLU (Kühne Logistics University, Hamburg). Forthcoming. *Logistics Competences, Skills and Training: A Global Overview.* Washington, DC: World Bank.

World Bank and UN-OHRLLS (United Nations Office of the High Representative for the Least Developed Countries, Landlocked Developing Countries, and the Small Island Developing States). 2014. *Improving Trade and Transport for Landlocked Developing Countries: A Ten-Year Review.* Washington, DC: World Bank.

WTO (World Trade Organization). 2015. *World Trade Report 2015: Speeding up Trade; Benefits and Challenges of Implementing the WTO Trade Facilitation Agreement.* Geneva: WTO.

附录 1　国际 LPI 结果

经济体	LPI 排名			LPI 评分			占最佳绩效国家（地区）的百分比（%）	海关		基础设施		国际货运		物流质量与竞争力		追踪与追溯		及时性	
	排名	下限	上限	评分	下限	上限		排名	评分	排名	评分	排名	评分	排名	评分	排名	评分	排名	评分
德国	1	1	4	4. 23	4. 18	4. 27	100. 0	2	4. 12	1	4. 44	8	3. 86	1	4. 28	3	4. 27	2	4. 45
卢森堡	2	1	12	4. 22	3. 97	4. 47	99. 8	9	3. 90	4	4. 24	1	4. 24	10	4. 01	8	4. 12	1	4. 80
瑞典	3	1	7	4. 20	4. 09	4. 32	99. 3	8	3. 92	3	4. 27	4	4. 00	2	4. 25	1	4. 38	3	4. 45
荷兰	4	1	6	4. 19	4. 11	4. 27	98. 8	3	4. 12	2	4. 29	6	3. 94	3	4. 22	6	4. 17	5	4. 41
新加坡	5	2	9	4. 14	4. 06	4. 22	97. 4	1	4. 18	6	4. 20	5	3. 96	5	4. 09	10	4. 05	6	4. 40
比利时	6	5	9	4. 11	4. 04	4. 18	96. 4	13	3. 83	14	4. 05	3	4. 05	6	4. 07	4	4. 22	4	4. 43
奥地利	7	3	11	4. 10	3. 98	4. 21	96. 0	15	3. 79	12	4. 08	9	3. 85	4	4. 18	2	4. 36	7	4. 37
英国	8	6	9	4. 07	4. 03	4. 11	95. 2	5	3. 98	5	4. 21	11	3. 77	7	4. 05	7	4. 13	8	4. 33
中国香港	9	6	9	4. 07	4. 00	4. 14	95. 1	7	3. 94	10	4. 10	2	4. 05	11	4. 00	14	4. 03	9	4. 29
美国	10	10	12	3. 99	3. 94	4. 04	92. 8	16	3. 75	8	4. 15	19	3. 65	8	4. 01	5	4. 20	11	4. 25
瑞士	11	10	15	3. 99	3. 92	4. 06	92. 6	10	3. 88	7	4. 19	14	3. 69	14	3. 95	12	4. 04	14	4. 24
日本	12	10	15	3. 97	3. 92	4. 02	92. 1	11	3. 85	11	4. 10	13	3. 69	12	3. 99	13	4. 03	15	4. 21
阿拉伯联合酋长国	13	10	16	3. 94	3. 88	4. 00	91. 2	12	3. 84	13	4. 07	7	3. 89	18	3. 82	18	3. 91	18	4. 13
加拿大	14	10	16	3. 93	3. 83	4. 03	90. 8	6	3. 95	9	4. 14	29	3. 56	15	3. 90	9	4. 10	25	4. 01
芬兰	15	9	20	3. 92	3. 77	4. 07	90. 5	4	4. 01	16	4. 01	30	3. 51	16	3. 88	11	4. 04	16	4. 14
法国	16	13	16	3. 90	3. 84	3. 96	89. 9	17	3. 71	15	4. 01	20	3. 64	19	3. 82	15	4. 02	13	4. 25
丹麦	17	6	30	3. 82	3. 51	4. 12	87. 3	14	3. 82	24	3. 75	15	3. 66	9	4. 01	25	3. 74	30	3. 92

续 表

经济体	LPI 排名			LPI 评分			占最佳绩效国家（地区）的百分比（%）	海关		基础设施		国际货运		物流质量与竞争力		追踪与追溯		及时性	
	排名	下限	上限	评分	下限	上限		排名	评分	排名	评分	排名	评分	排名	评分	排名	评分	排名	评分
爱尔兰	18	11	30	3. 79	3. 60	3. 99	86. 6	25	3. 47	22	3. 77	10	3. 83	20	3. 79	16	3. 98	29	3. 94
澳大利亚	19	10	30	3. 79	3. 58	4. 00	86. 6	22	3. 54	18	3. 82	21	3. 63	17	3. 87	19	3. 87	21	4. 04
南非	20	17	24	3. 78	3. 70	3. 85	86. 0	18	3. 60	21	3. 78	23	3. 62	22	3. 75	17	3. 92	24	4. 02
意大利	21	18	24	3. 76	3. 70	3. 81	85. 4	27	3. 45	19	3. 79	17	3. 65	21	3. 77	20	3. 86	22	4. 03
挪威	22	15	30	3. 73	3. 54	3. 92	84. 7	20	3. 57	17	3. 95	25	3. 62	24	3. 70	22	3. 82	39	3. 77
西班牙	23	17	29	3. 73	3. 62	3. 84	84. 5	24	3. 48	25	3. 72	22	3. 63	23	3. 73	23	3. 82	26	4. 00
韩国	24	20	28	3. 72	3. 64	3. 79	84. 2	26	3. 45	20	3. 79	27	3. 58	25	3. 69	24	3. 78	23	4. 03
中国台湾	25	15	30	3. 70	3. 47	3. 92	83. 6	34	3. 23	26	3. 57	28	3. 57	13	3. 95	31	3. 59	12	4. 25
捷克	26	17	30	3. 67	3. 52	3. 83	82. 9	19	3. 58	35	3. 36	18	3. 65	26	3. 65	21	3. 84	28	3. 94
中国	27	25	29	3. 66	3. 61	3. 71	82. 5	31	3. 32	23	3. 75	12	3. 70	27	3. 62	28	3. 68	31	3. 90
以色列	28	17	30	3. 66	3. 47	3. 85	82. 5	23	3. 50	30	3. 49	37	3. 38	28	3. 60	26	3. 72	10	4. 27
立陶宛	29	18	30	3. 63	3. 45	3. 82	81. 6	28	3. 42	27	3. 57	31	3. 49	30	3. 49	27	3. 68	17	4. 14
卡塔尔	30	17	38	3. 60	3. 36	3. 84	80. 6	21	3. 55	28	3. 57	26	3. 58	29	3. 54	35	3. 50	35	3. 83
匈牙利	31	31	44	3. 43	3. 30	3. 56	75. 3	49	3. 02	32	3. 48	34	3. 44	34	3. 35	41	3. 40	33	3. 88
马来西亚	32	31	41	3. 43	3. 34	3. 52	75. 2	40	3. 17	33	3. 45	32	3. 48	35	3. 34	36	3. 46	47	3. 65
波兰	33	31	44	3. 43	3. 30	3. 56	75. 2	33	3. 27	45	3. 17	33	3. 44	31	3. 39	37	3. 46	37	3. 80
土耳其	34	31	44	3. 42	3. 28	3. 56	75. 1	36	3. 18	31	3. 49	35	3. 41	36	3. 31	43	3. 39	40	3. 75
印度	35	31	38	3. 42	3. 36	3. 48	75. 0	38	3. 17	36	3. 34	39	3. 36	32	3. 39	33	3. 52	42	3. 74
葡萄牙	36	31	44	3. 41	3. 27	3. 55	74. 7	30	3. 37	49	3. 09	47	3. 24	47	3. 15	29	3. 65	27	3. 95

续 表

经济体	LPI 排名			LPI 评分			占最佳绩效国家（地区）的百分比（%）	海关		基础设施		国际货运		物流质量与竞争力		追踪与追溯		及时性	
	排名	下限	上限	评分	下限	上限		排名	评分	排名	评分	排名	评分	排名	评分	排名	评分	排名	评分
新西兰	37	25	56	3. 39	3. 07	3. 71	74. 0	37	3. 18	29	3. 55	80	2. 77	41	3. 22	32	3. 58	19	4. 12
爱沙尼亚	38	31	53	3. 36	3. 13	3. 60	73. 3	29	3. 41	44	3. 18	56	3. 07	46	3. 18	48	3. 25	20	4. 08
冰岛	39	30	55	3. 35	3. 07	3. 62	72. 7	43	3. 13	51	3. 02	42	3. 32	39	3. 26	40	3. 42	32	3. 88
巴拿马	40	30	56	3. 34	3. 07	3. 61	72. 5	42	3. 13	38	3. 28	16	3. 65	45	3. 18	63	2. 95	41	3. 74
斯洛伐克	41	31	53	3. 34	3. 12	3. 56	72. 4	32	3. 28	39	3. 24	36	3. 41	51	3. 12	55	3. 12	36	3. 81
肯尼亚	42	31	48	3. 33	3. 21	3. 45	72. 3	39	3. 17	42	3. 21	46	3. 24	40	3. 24	38	3. 42	46	3. 70
拉脱维亚	43	31	53	3. 33	3. 12	3. 53	72. 1	45	3. 11	41	3. 24	44	3. 28	37	3. 29	39	3. 42	49	3. 62
巴林	44	31	53	3. 31	3. 11	3. 51	71. 7	41	3. 14	48	3. 10	41	3. 33	33	3. 38	44	3. 32	51	3. 58
泰国	45	43	50	3. 26	3. 18	3. 33	69. 9	46	3. 11	46	3. 12	38	3. 37	49	3. 14	50	3. 20	52	3. 56
智利	46	31	58	3. 25	3. 00	3. 50	69. 7	35	3. 19	63	2. 77	43	3. 30	56	2. 97	34	3. 50	44	3. 71
希腊	47	38	54	3. 24	3. 10	3. 38	69. 4	55	2. 85	37	3. 32	64	2. 97	60	2. 91	30	3. 59	34	3. 85
阿曼	48	31	58	3. 23	3. 00	3. 47	69. 3	61	2. 76	34	3. 44	40	3. 35	38	3. 26	57	3. 09	57	3. 50
埃及	49	44	56	3. 18	3. 05	3. 32	67. 7	65	2. 75	50	3. 07	45	3. 27	43	3. 20	54	3. 15	48	3. 63
斯洛文尼亚	50	35	67	3. 18	2. 95	3. 42	67. 7	53	2. 88	43	3. 19	53	3. 10	44	3. 20	46	3. 27	60	3. 47
克罗地亚	51	37	67	3. 16	2. 93	3. 39	67. 0	47	3. 07	53	2. 99	51	3. 12	42	3. 21	52	3. 16	67	3. 39
沙特阿拉伯	52	45	58	3. 16	3. 03	3. 28	66. 8	68	2. 69	40	3. 24	48	3. 23	54	3. 00	49	3. 25	53	3. 53
科威特	53	40	66	3. 15	2. 96	3. 35	66. 7	56	2. 83	56	2. 92	24	3. 62	70	2. 79	53	3. 16	55	3. 51
墨西哥	54	45	66	3. 11	2. 96	3. 27	65. 5	54	2. 88	57	2. 89	61	3. 00	48	3. 14	42	3. 40	68	3. 38
巴西	55	49	62	3. 09	2. 99	3. 19	64. 7	62	2. 76	47	3. 11	72	2. 90	50	3. 12	45	3. 28	66	3. 39

续 表

经济体	LPI 排名			LPI 评分			占最佳绩效国家（地区）的百分比（%）	海关		基础设施		国际货运		物流质量与竞争力		追踪与追溯		及时性	
	排名	下限	上限	评分	下限	上限		排名	评分	排名	评分	排名	评分	排名	评分	排名	评分	排名	评分
马耳他	56	45	71	3.07	2.84	3.30	64.1	59	2.78	55	2.94	55	3.09	65	2.85	56	3.12	50	3.61
博茨瓦纳	57	45	71	3.05	2.82	3.27	63.4	48	3.05	54	2.96	70	2.91	75	2.74	70	2.89	43	3.72
乌干达	58	53	67	3.04	2.93	3.15	63.3	51	2.97	67	2.74	74	2.88	57	2.93	59	3.01	45	3.70
塞浦路斯	59	49	73	3.00	2.78	3.22	62.0	44	3.11	52	3.00	78	2.80	76	2.72	98	2.54	38	3.79
罗马尼亚	60	51	72	2.99	2.81	3.18	61.8	50	3.00	58	2.88	57	3.06	67	2.82	64	2.95	81	3.22
坦桑尼亚	61	56	68	2.99	2.89	3.09	61.7	60	2.78	60	2.81	63	2.98	58	2.92	60	2.98	64	3.44
卢旺达	62	51	72	2.99	2.80	3.17	61.6	52	2.93	76	2.62	59	3.05	63	2.87	58	3.04	69	3.35
印度尼西亚	63	51	72	2.98	2.80	3.17	61.5	69	2.69	73	2.65	71	2.90	55	3.00	51	3.19	62	3.46
越南	64	49	76	2.98	2.76	3.20	61.3	64	2.75	70	2.70	50	3.12	62	2.88	75	2.84	56	3.50
乌拉圭	65	51	73	2.97	2.79	3.16	61.2	58	2.78	61	2.79	69	2.91	53	3.01	74	2.84	59	3.47
阿根廷	66	55	71	2.96	2.81	3.11	60.8	76	2.63	59	2.86	81	2.76	66	2.83	47	3.26	61	3.47
约旦	67	51	79	2.96	2.74	3.17	60.7	83	2.55	62	2.77	49	3.17	61	2.89	62	2.96	71	3.34
巴基斯坦	68	59	71	2.92	2.81	3.04	59.6	71	2.66	69	2.70	66	2.93	68	2.82	67	2.91	58	3.48
秘鲁	69	57	81	2.89	2.72	3.06	58.7	63	2.76	75	2.62	68	2.91	64	2.87	65	2.94	80	3.23
文莱	70	51	98	2.87	2.57	3.17	58.0	57	2.78	66	2.75	62	3.00	93	2.57	68	2.91	84	3.19
菲律宾	71	60	82	2.86	2.72	3.00	57.5	78	2.61	82	2.55	60	3.01	77	2.70	73	2.86	70	3.35
保加利亚	72	57	100	2.81	2.56	3.05	56.0	97	2.40	101	2.35	67	2.93	52	3.06	80	2.72	72	3.31
柬埔寨	73	59	99	2.80	2.57	3.04	55.8	77	2.62	99	2.36	52	3.11	89	2.60	81	2.70	73	3.30
厄瓜多尔	74	60	99	2.78	2.56	2.99	55.1	74	2.64	88	2.47	65	2.95	84	2.66	86	2.65	77	3.23

续 表

经济体	LPI 排名			LPI 评分			占最佳绩效国家（地区）的百分比（%）	海关		基础设施		国际货运		物流质量与竞争力		追踪与追溯		及时性	
	排名	下限	上限	评分	下限	上限		排名	评分	排名	评分	排名	评分	排名	评分	排名	评分	排名	评分
阿尔及利亚	75	59	107	2. 77	2. 51	3. 03	54. 9	108	2. 37	80	2. 58	77	2. 80	59	2. 91	72	2. 86	91	3. 08
塞尔维亚	76	66	101	2. 76	2. 56	2. 97	54. 6	87	2. 50	85	2. 49	90	2. 63	69	2. 79	66	2. 92	79	3. 23
哈萨克斯坦	77	68	101	2. 75	2. 55	2. 95	54. 3	86	2. 52	65	2. 76	82	2. 75	92	2. 57	71	2. 86	92	3. 06
巴哈马	78	69	98	2. 75	2. 58	2. 92	54. 2	72	2. 65	68	2. 72	79	2. 80	73	2. 74	87	2. 64	105	2. 93
纳米比亚	79	66	103	2. 74	2. 52	2. 97	54. 1	73	2. 65	64	2. 76	86	2. 69	86	2. 63	100	2. 52	85	3. 19
乌克兰	80	70	95	2. 74	2. 60	2. 87	53. 8	116	2. 30	84	2. 49	95	2. 59	95	2. 55	61	2. 96	54	3. 51
布基纳法索	81	70	99	2. 73	2. 57	2. 89	53. 7	84	2. 55	71	2. 67	83	2. 73	71	2. 78	103	2. 49	88	3. 13
黎巴嫩	82	54	136	2. 72	2. 31	3. 12	53. 2	66	2. 73	74	2. 64	75	2. 84	108	2. 45	78	2. 75	111	2. 86
萨尔瓦多	83	68	110	2. 71	2. 48	2. 93	52. 9	107	2. 37	114	2. 25	76	2. 82	83	2. 66	76	2. 78	74	3. 29
莫桑比克	84	70	110	2. 68	2. 48	2. 89	52. 2	88	2. 49	116	2. 24	58	3. 06	109	2. 44	79	2. 75	97	3. 04
圭亚那	85	70	113	2. 67	2. 44	2. 89	51. 7	98	2. 40	118	2. 24	89	2. 66	85	2. 66	69	2. 90	90	3. 12
摩洛哥	86	56	137	2. 67	2. 25	3. 08	51. 6	124	2. 22	90	2. 46	54	3. 09	91	2. 59	122	2. 34	83	3. 20
孟加拉国	87	72	110	2. 66	2. 50	2. 83	51. 6	82	2. 57	87	2. 48	84	2. 73	80	2. 67	92	2. 59	109	2. 90
加纳	88	72	110	2. 66	2. 48	2. 84	51. 5	93	2. 46	86	2. 48	85	2. 71	98	2. 54	101	2. 52	82	3. 21
哥斯达黎加	89	72	111	2. 65	2. 47	2. 82	51. 1	113	2. 33	107	2. 32	73	2. 89	94	2. 55	77	2. 77	101	2. 98
尼日利亚	90	74	112	2. 63	2. 46	2. 80	50. 5	92	2. 46	96	2. 40	118	2. 43	74	2. 74	82	2. 70	95	3. 04
多米尼加	91	74	111	2. 63	2. 46	2. 79	50. 4	101	2. 39	111	2. 29	87	2. 67	79	2. 68	88	2. 63	93	3. 06
多哥	92	70	130	2. 62	2. 35	2. 88	50. 1	89	2. 49	117	2. 24	93	2. 62	106	2. 46	91	2. 60	76	3. 24
摩尔多瓦	93	74	114	2. 61	2. 43	2. 80	50. 0	99	2. 39	100	2. 35	94	2. 60	103	2. 48	85	2. 67	86	3. 16

续 表

经济体	LPI 排名			LPI 评分			占最佳绩效国家（地区）的百分比（%）	海关		基础设施		国际货运		物流质量与竞争力		追踪与追溯		及时性	
	排名	下限	上限	评分	下限	上限		排名	评分	排名	评分	排名	评分	排名	评分	排名	评分	排名	评分
哥伦比亚	94	74	113	2.61	2.43	2.79	50.0	129	2.21	95	2.43	103	2.55	81	2.67	96	2.55	78	3.23
科特迪瓦	95	68	136	2.60	2.28	2.93	49.7	70	2.67	89	2.46	105	2.54	87	2.62	89	2.62	128	2.71
伊朗	96	68	137	2.60	2.26	2.94	49.6	110	2.33	72	2.67	88	2.67	82	2.67	111	2.44	116	2.81
波斯尼亚和黑塞哥维那	97	79	113	2.60	2.44	2.75	49.5	67	2.69	77	2.61	140	2.28	99	2.52	95	2.56	103	2.94
科摩罗	98	72	136	2.58	2.31	2.85	49.0	75	2.63	98	2.36	98	2.58	88	2.60	113	2.44	115	2.82
俄罗斯	99	85	111	2.57	2.47	2.67	48.7	141	2.01	94	2.43	115	2.45	72	2.76	90	2.62	87	3.15
尼日尔	100	77	128	2.56	2.37	2.76	48.4	81	2.59	121	2.22	91	2.63	100	2.50	121	2.35	98	3.02
巴拉圭	101	72	136	2.56	2.27	2.85	48.4	103	2.38	92	2.45	96	2.58	78	2.69	126	2.30	107	2.93
尼加拉瓜	102	78	136	2.53	2.31	2.75	47.5	90	2.48	83	2.50	107	2.50	96	2.55	107	2.47	134	2.68
苏丹	103	84	128	2.53	2.36	2.70	47.4	122	2.23	126	2.20	100	2.57	118	2.36	104	2.49	75	3.28
马尔代夫	104	82	136	2.51	2.30	2.73	46.9	102	2.39	81	2.57	132	2.34	111	2.44	102	2.49	110	2.88
巴布亚新几内亚	105	73	139	2.51	2.22	2.80	46.8	85	2.55	106	2.32	114	2.46	121	2.35	93	2.58	120	2.78
马其顿共和国	106	83	136	2.51	2.31	2.71	46.8	127	2.21	79	2.58	116	2.45	120	2.36	123	2.32	89	3.13
布隆迪	107	80	136	2.51	2.28	2.74	46.8	137	2.02	147	1.98	119	2.42	107	2.46	83	2.68	63	3.45
蒙古	108	84	136	2.51	2.31	2.70	46.7	100	2.39	140	2.05	129	2.37	129	2.31	108	2.47	65	3.40
马里	109	82	136	2.50	2.28	2.73	46.6	94	2.45	109	2.30	112	2.48	105	2.46	120	2.36	106	2.93
突尼斯	110	74	139	2.50	2.21	2.78	46.4	147	1.96	93	2.44	133	2.33	90	2.59	84	2.67	99	3.00
危地马拉	111	85	136	2.48	2.28	2.67	45.8	91	2.47	127	2.20	120	2.41	130	2.30	110	2.46	100	2.98
洪都拉斯	112	85	137	2.46	2.25	2.67	45.3	126	2.21	143	2.04	97	2.58	110	2.44	99	2.53	108	2.91

续 表

经济体	LPI 排名			LPI 评分			占最佳绩效国家（地区）的百分比（%）	海关		基础设施		国际货运		物流质量与竞争力		追踪与追溯		及时性	
	排名	下限	上限	评分	下限	上限		排名	评分	排名	评分	排名	评分	排名	评分	排名	评分	排名	评分
缅甸	113	89	137	2.46	2.26	2.66	45.2	96	2.43	105	2.33	144	2.23	119	2.36	94	2.57	112	2.85
赞比亚	114	95	137	2.43	2.26	2.60	44.3	119	2.25	113	2.26	106	2.51	114	2.42	119	2.36	124	2.74
贝宁	115	98	136	2.43	2.27	2.59	44.3	130	2.20	97	2.39	104	2.55	104	2.47	129	2.23	130	2.69
所罗门群岛	116	85	144	2.42	2.16	2.67	43.9	79	2.60	124	2.21	139	2.28	112	2.43	132	2.18	121	2.76
阿尔巴尼亚	117	95	139	2.41	2.22	2.60	43.8	121	2.23	148	1.98	110	2.48	102	2.48	135	2.15	94	3.05
乌兹别克斯坦	118	89	145	2.40	2.16	2.65	43.5	114	2.32	91	2.45	130	2.36	116	2.39	143	2.05	114	2.83
牙买加	119	102	136	2.40	2.27	2.53	43.4	109	2.37	120	2.23	117	2.44	126	2.31	116	2.38	136	2.64
白俄罗斯	120	98	139	2.40	2.21	2.58	43.4	136	2.06	135	2.10	92	2.62	125	2.32	134	2.16	96	3.04
特立尼达和多巴哥	121	102	137	2.40	2.26	2.53	43.3	104	2.38	104	2.34	137	2.31	132	2.28	127	2.28	119	2.79
委内瑞拉	122	104	137	2.39	2.25	2.53	43.1	145	1.99	102	2.35	113	2.47	122	2.34	106	2.48	127	2.71
黑山	123	95	147	2.38	2.15	2.61	42.8	125	2.22	138	2.07	101	2.56	127	2.31	117	2.37	131	2.69
尼泊尔	124	87	150	2.38	2.09	2.66	42.7	149	1.93	112	2.27	109	2.50	140	2.13	109	2.47	104	2.93
刚果（布）	125	72	155	2.38	1.90	2.86	42.7	142	2.00	78	2.60	126	2.37	133	2.26	105	2.48	143	2.57
埃塞俄比亚	126	98	145	2.38	2.16	2.59	42.7	80	2.60	133	2.12	102	2.56	117	2.37	133	2.18	149	2.37
刚果（金）	127	111	136	2.38	2.27	2.48	42.6	123	2.22	146	2.01	135	2.33	123	2.33	118	2.37	102	2.94
几内亚比绍	128	85	151	2.37	2.07	2.67	42.5	95	2.44	152	1.91	99	2.57	148	2.07	114	2.41	123	2.74
几内亚	129	97	150	2.36	2.12	2.60	42.1	117	2.28	145	2.01	124	2.38	97	2.54	97	2.54	148	2.38
格鲁吉亚	130	87	153	2.35	2.04	2.66	41.9	118	2.26	128	2.17	131	2.35	146	2.08	112	2.44	117	2.80
古巴	131	98	150	2.35	2.10	2.59	41.7	105	2.38	108	2.31	136	2.31	135	2.25	124	2.31	145	2.51

续 表

经济体	LPI 排名			LPI 评分			占最佳绩效国家（地区）的百分比（%）	海关		基础设施		国际货运		物流质量与竞争力		追踪与追溯		及时性	
	排名	下限	上限	评分	下限	上限		排名	评分	排名	评分	排名	评分	排名	评分	排名	评分	排名	评分
塞内加尔	132	98	153	2.33	2.06	2.60	41.2	115	2.31	119	2.23	143	2.25	115	2.39	136	2.15	138	2.61
圣多美和普林西比	133	102	150	2.33	2.11	2.54	41.1	120	2.24	132	2.12	142	2.26	113	2.42	137	2.14	122	2.75
吉布提	134	98	153	2.32	2.06	2.58	41.0	106	2.37	110	2.30	111	2.48	152	1.96	139	2.09	132	2.69
不丹	135	95	153	2.32	2.04	2.60	41.0	128	2.21	151	1.96	108	2.50	131	2.30	131	2.20	129	2.70
斐济	136	95	155	2.32	2.02	2.61	40.8	111	2.33	115	2.25	147	2.21	134	2.25	128	2.25	140	2.60
利比亚	137	102	155	2.26	1.98	2.55	39.2	153	1.88	142	2.04	123	2.40	101	2.50	153	1.85	113	2.83
玻利维亚	138	118	150	2.25	2.10	2.40	38.8	146	1.97	134	2.11	122	2.40	154	1.90	125	2.31	118	2.79
安哥拉	139	123	150	2.24	2.10	2.38	38.5	157	1.80	129	2.13	128	2.37	128	2.31	130	2.21	141	2.59
土库曼斯坦	140	99	157	2.21	1.84	2.58	37.6	143	2.00	103	2.34	127	2.37	145	2.09	154	1.84	142	2.59
亚美尼亚	141	124	153	2.21	2.03	2.38	37.4	148	1.95	122	2.22	146	2.22	137	2.21	147	2.02	139	2.60
利比里亚	142	119	155	2.20	2.01	2.40	37.3	135	2.07	144	2.01	145	2.22	147	2.07	140	2.07	125	2.73
加蓬	143	116	155	2.19	1.96	2.43	36.9	134	2.07	141	2.05	141	2.28	142	2.12	142	2.07	144	2.52
厄立特里亚	144	111	157	2.17	1.86	2.49	36.3	140	2.01	139	2.06	150	2.16	136	2.25	146	2.03	146	2.50
乍得	145	118	155	2.16	1.92	2.41	36.1	133	2.08	136	2.07	121	2.41	149	2.06	141	2.07	155	2.25
吉尔吉斯斯坦	146	105	157	2.16	1.80	2.51	35.8	156	1.80	150	1.96	152	2.10	151	1.96	115	2.39	126	2.72
马达加斯加	147	132	155	2.15	1.97	2.34	35.8	112	2.33	131	2.12	149	2.17	153	1.93	148	2.01	151	2.35
喀麦隆	148	131	155	2.15	1.95	2.35	35.7	132	2.09	125	2.21	155	1.98	124	2.32	145	2.04	154	2.29
伊拉克	149	137	154	2.15	2.03	2.27	35.6	139	2.01	153	1.87	134	2.33	150	1.97	149	1.98	135	2.66
阿富汗	150	137	155	2.14	2.02	2.27	35.4	138	2.01	154	1.84	125	2.38	139	2.15	155	1.77	137	2.61

续 表

经济体	LPI 排名			LPI 评分			占最佳绩效国家（地区）的百分比（%）	海关		基础设施		国际货运		物流质量与竞争力		追踪与追溯		及时性	
	排名	下限	上限	评分	下限	上限		排名	评分	排名	评分	排名	评分	排名	评分	排名	评分	排名	评分
津巴布韦	151	122	157	2.08	1.77	2.40	33.6	144	2.00	123	2.21	153	2.08	141	2.13	150	1.95	158	2.13
老挝	152	133	157	2.07	1.81	2.33	33.1	155	1.85	155	1.76	148	2.18	144	2.10	156	1.76	133	2.68
塔吉克斯坦	153	138	156	2.06	1.87	2.26	32.9	150	1.93	130	2.13	151	2.12	143	2.12	144	2.04	159	2.04
莱索托	154	118	159	2.03	1.65	2.41	31.8	151	1.91	149	1.96	158	1.84	138	2.16	151	1.92	150	2.35
塞拉利昂	155	130	159	2.03	1.70	2.36	31.8	152	1.91	137	2.07	138	2.31	155	1.85	157	1.74	156	2.23
赤道新几内亚	156	140	160	1.88	1.53	2.23	27.3	154	1.88	158	1.50	156	1.89	157	1.75	152	1.89	153	2.32
毛里塔尼亚	157	140	160	1.87	1.52	2.21	26.8	131	2.14	157	1.54	154	2.00	158	1.74	159	1.54	157	2.14
索马里	158	151	160	1.75	1.37	2.13	23.2	159	1.29	156	1.57	157	1.86	156	1.85	160	1.51	152	2.35
海地	159	156	160	1.72	1.55	1.88	22.2	158	1.70	159	1.47	159	1.81	159	1.68	158	1.56	160	2.02
叙利亚	160	156	160	1.60	1.29	1.91	18.5	160	1.11	160	1.24	160	1.36	160	1.39	138	2.10	147	2.40

注释：LPI 指数是指对物理绩效的多维度评估，范围从 1（最差）~5（最高）。LPI 调查获得的 6 项核心要素由受访者进行打分，范围为 1 ~5，其中 1 表示非常低或非常困难，5 表示非常高或非常容易，但第 15 个问题例外，1 表示几乎没有，5 表示几乎总是。通过对 LPI 评分进行标准化得出的相对 LPI 评分：占最高绩效国家百分比 = 100 ×（LPI - 1）/（最高 LPI - 1），因此最高绩效国家的相对 LPI 评分最高，为 100%。

资料来源：2016 年物流绩效指数。

附录 2 国内 LPI 结果（分地区和收入组）

问题	回答类型	地区						收入组			
		东亚和太平洋地区	欧洲和中亚	拉丁美洲和加勒比海地区	中东和北非	南亚	撒哈拉沙漠以南非洲	低收入国家	中等偏低收入国家	中等偏高收入国家	高收入国家
第 17 问：费用和收费水平											
港口收费	高或非常高	42	51	52	53	49	70	67	56	54	49
	低或非常低	7	7	15	25	6	8	10	12	11	10
航空收费	高或非常高	50	43	42	45	33	53	44	43	51	43
	低或非常低	23	8	12	19	8	9	21	12	8	13
公路运输费用	高或非常高	50	6	59	27	42	59	67	40	36	35
	低或非常低	19	50	13	29	12	3	2	17	27	20
铁路运输费用	高或非常高	33	27	28	26	18	39	40	24	34	43
	低或非常低	22	28	43	50	33	18	20	31	33	18
仓储和转运费用	高或非常高	22	14	44	32	34	50	41	35	36	40
	低或非常低	11	36	18	14	19	10	17	17	17	23
代理费用	高或非常高	30	27	16	25	24	24	19	15	33	20
	低或非常低	22	38	20	27	39	25	35	34	17	26
第 18 问：基础设施质量											
港口	低或非常低	35	29	45	35	25	33	43	26	38	19
	高或非常高	23	27	21	33	18	25	24	24	27	54
机场	低或非常低	31	10	20	34	36	30	22	30	25	14
	高或非常高	37	48	22	35	25	23	21	28	36	55

续 表

问题	回答类型	地区						收入组			
		东亚和太平洋地区	欧洲和中亚	拉丁美洲和加勒比海地区	中东和北非	南亚	撒哈拉沙漠以南非洲	低收入国家	中等偏低收入国家	中等偏高收入国家	高收入国家
公路	低或非常低	45	36	53	32	53	39	37	44	41	14
	高或非常高	20	24	12	24	5	18	17	18	19	45
铁路	低或非常低	54	49	86	64	63	61	61	53	72	44
	高或非常高	21	22	3	20	3	17	17	18	12	25
仓储与转运设施	低或非常低	47	16	21	33	48	32	33	30	29	6
	高或非常高	8	30	15	31	18	23	25	17	25	57
电信与信息技术	低或非常低	35	7	36	30	11	28	36	21	25	5
	高或非常高	27	50	34	36	65	32	32	34	43	73
第19问：服务质量与竞争力											
公路	低或非常低	33	24	49	10	27	30	36	32	24	9
	高或非常高	27	35	17	34	16	22	14	27	29	58
铁路	低或非常低	53	35	74	67	50	59	62	54	58	33
	高或非常高	21	16	4	11	4	16	15	13	12	33
空运	低或非常低	9	2	10	11	13	22	20	13	10	4
	高或非常高	50	54	31	36	56	40	38	42	44	66
海运	低或非常低	21	11	7	1	14	20	16	12	13	6
	高或非常高	48	55	34	43	51	42	36	46	46	62
仓储/转运与配送	低或非常低	25	16	28	20	30	17	23	19	21	4
	高或非常高	23	46	34	38	26	25	20	27	41	63

续 表

问题	回答类型	地区						收入组			
		东亚和太平洋地区	欧洲和中亚	拉丁美洲和加勒比海地区	中东和北非	南亚	撒哈拉沙漠以南非洲	低收入国家	中等偏低收入国家	中等偏高收入国家	高收入国家
货运代理商	低或非常低	11	10	10	11	13	6	6	6	13	3
	高或非常高	37	58	31	49	53	47	48	47	43	75
海关机构	低或非常低	26	17	43	25	33	20	25	26	26	10
	高或非常高	33	38	18	29	34	46	46	34	31	69
质量标准监察机构	低或非常低	30	24	45	37	32	27	37	33	28	15
	高或非常高	25	31	16	25	25	21	16	22	27	53
卫生/动植物检疫机构	低或非常低	48	36	53	38	43	31	40	38	40	23
	高或非常高	23	25	18	25	20	20	21	18	25	43
报关行	低或非常低	20	9	18	29	22	12	16	17	17	8
	高或非常高	34	50	25	29	32	29	26	29	38	68
贸易与运输协会	低或非常低	25	21	34	32	33	25	28	24	29	20
	高或非常高	21	33	32	21	28	23	18	26	31	49
收货人与发货人	低或非常低	16	9	19	12	5	18	23	14	12	13
	高或非常高	31	35	36	39	41	29	34	28	38	37
第20问：处理过程效率											
进口商品清关与交付	几乎没有或极少	23	0	11	20	11	21	19	22	8	7
	经常或几乎总是	56	71	71	53	64	46	48	47	71	85
出口商品清关与交付	几乎没有或极少	7	2	10	19	3	13	15	10	8	4
	经常或几乎总是	77	86	76	64	85	59	60	67	78	91

续 表

问题	回答类型	地区						收入组			
		东亚和太平洋地区	欧洲和中亚	拉丁美洲和加勒比海地区	中东和北非	南亚	撒哈拉沙漠以南非洲	低收入国家	中等偏低收入国家	中等偏高收入国家	高收入国家
海关清关透明度	几乎没有或极少	33	11	19	35	26	20	24	27	17	9
	经常或几乎总是	55	48	57	52	35	54	51	43	60	81
其他边境机构透明度	几乎没有或极少	35	12	20	31	27	22	27	24	20	10
	经常或几乎总是	48	49	53	55	35	40	42	44	49	74
及时充分提供法规变化的信息	几乎没有或极少	25	19	42	33	34	31	36	28	30	15
	经常或几乎总是	49	41	28	42	46	44	39	43	40	66
依从性高的贸易商快速清关	几乎没有或极少	31	17	18	28	23	32	30	32	19	14
	经常或几乎总是	50	41	43	50	46	31	28	36	50	65
第21问：主要延误原因											
强制仓储/转运	经常或几乎总是	10	15	32	35	20	26	23	24	25	7
	几乎没有或极少	49	54	42	40	33	38	39	41	45	69
装船前检查	经常或几乎总是	10	6	34	33	21	23	25	22	21	10
	几乎没有或极少	27	66	32	42	29	41	39	39	45	69
海运转船	经常或几乎总是	13	18	26	22	28	24	32	20	19	8
	几乎没有或极少	27	56	45	28	32	29	25	38	40	55
犯罪活动（如偷盗货物）	经常或几乎总是	18	8	15	13	22	11	16	13	11	5
	几乎没有或极少	64	79	43	64	51	61	62	62	60	83
要求非正式支付	经常或几乎总是	20	9	34	28	40	25	26	28	22	5
	几乎没有或极少	47	64	40	44	25	34	26	39	52	78

续 表

问题	回答类型	地区						收入组			
		东亚和太平洋地区	欧洲和中亚	拉丁美洲和加勒比海地区	中东和北非	南亚	撒哈拉沙漠以南非洲	低收入国家	中等偏低收入国家	中等偏高收入国家	高收入国家
第22问：2013年以来物流环境变化											
海关清关手续	恶化或严重恶化	8	9	29	51	9	7	2	26	18	11
	改善或大幅改善	78	63	31	28	68	68	76	51	50	59
其他官方清关手续	恶化或严重恶化	7	13	25	60	4	14	11	19	29	11
	改善或大幅改善	67	53	26	24	45	54	62	41	41	51
贸易和运输基础设施	恶化或严重恶化	9	4	16	21	13	10	5	16	12	9
	改善或大幅改善	71	56	46	40	54	47	51	51	49	53
电信与信息技术基础设施	恶化或严重恶化	7	0	3	11	1	9	8	7	5	7
	改善或大幅改善	74	73	65	40	82	60	56	57	71	70
私营物流服务	恶化或严重恶化	1	0	10	13	11	5	5	6	7	2
	改善或大幅改善	80	80	50	46	76	61	62	61	65	63
物流相关法规	恶化或严重恶化	6	21	31	45	25	13	12	24	26	13
	改善或大幅改善	63	41	32	22	46	43	44	42	36	31
要求非正式支付	恶化或严重恶化	5	14	29	37	25	19	18	20	25	6
	改善或大幅改善	50	40	28	18	48	43	43	35	36	35

注释：数据基于国家水平进行计算，并按地区和收入组进行平均。

资料来源：2016年物流绩效指数。

附录3 国内 LPI 结果（时间与成本数据）

附表 3. 1 国内 LPI 结果（问题 24 和问题 25）

经济体	第 24 问：出口时间和费用				第 25 问：进口时间与成本			
	港口或机场供应链[a]		陆路供应链[b]		港口或机场供应链[c]		陆路供应链[b]	
	距离[d]（千米）	交付周期（天）	距离（千米）	交付周期（天）	距离（千米）	交付周期（天）	距离（千米）	交付周期（天）
阿尔巴尼亚	—	—	750	3	—	—	750	3
阿尔及利亚	112	4	—	—	474	5	150	1
安哥拉	25	14	—	—	25	14	2000	10
阿根廷	94	2	1250	7	132	4	1250	7
澳大利亚	25	1	25	3	25	2	25	3
奥地利	207	2	555	3	155	2	527	2
孟加拉国	339	4	304	7	345	5	253	7
白俄罗斯	75	2	1581	7	750	4	1710	8
比利时	83	2	334	4	167	3	276	2
贝宁	292	3	909	7	211	2	177	2
玻利维亚	1250	12	1250	6	612	13	2000	8
波斯尼亚和黑塞哥维那	57	1	256	2	403	3	655	4
巴西	173	3	415	8	281	4	944	20
保加利亚	300	1	1800	4	300	2	880	4
布基纳法索	474	5	3500	42	3500	4	3500	39
布隆迪	230	7	689	12	1841	15	388	9
柬埔寨	87	3	178	5	87	4	407	6
喀麦隆	25	8	1040	11	224	9	339	12
加拿大	100	2	401	4	87	2	388	4
乍得	2092	22	2092	24	2092	24	1250	7
中国	130	3	402	6	187	5	649	9
哥伦比亚	109	4	474	3	178	3	300	7
刚果（金）	612	8	300	18	612	7	612	7
刚果（布）	296	12	2000	18	464	12	3500	14
哥斯达黎加	150	3	75	3	119	4	—	—
科特迪瓦	25	2	—	—	25	10	—	—
古巴	75	6	300	10	75	7	—	—
塞浦路斯	43	1	512	5	43	1	296	4
捷克	750	5	2000	5	750	5	1250	5

续 表

经济体	第24问：出口时间和费用				第25问：进口时间与成本			
	港口或机场供应链[a]		陆路供应链[b]		港口或机场供应链[c]		陆路供应链[b]	
	距离[d]（千米）	交付周期（天）	距离（千米）	交付周期（天）	距离（千米）	交付周期（天）	距离（千米）	交付周期（天）
丹麦	25	1	25	1	75	1	75	1
吉布提	41	2	238	4	117	3	423	6
多米尼加	52	4	75	2	36	4	75	4
厄瓜多尔	43	1	25	—	43	3	—	—
埃及	300	2	3500	1	452	3	2092	2
爱沙尼亚	—	—	775	4	—	—	2000	5
埃塞俄比亚	—	—	750	6	—	—	750	3
芬兰	113	2	1157	5	135	2	1263	4
法国	—	—	—	—	25	—	—	—
冈比亚	25	1	25	1	25	1	25	1
格鲁吉亚	87	2	87	2	296	2	224	5
德国	259	3	631	3	285	3	1043	4
加纳	260	3	625	4	199	4	276	6
希腊	83	3	1647	6	83	3	1647	6
危地马拉	57	2	612	3	131	3	612	3
海地	25	2	—	—	25	2	—	—
洪都拉斯	149	4	3500	9	301	7	1581	8
中国香港	138	3	446	5	101	3	143	3
匈牙利	—	—	300	3	—	—	300	3
印度	231	4	729	6	322	5	473	6
印度尼西亚	133	3	145	3	126	5	165	5
伊朗	108	2	177	2	33	3	156	4
伊拉克	300	39	2000	46	300	7	2000	14
爱尔兰	87	2	750	3	43	2	750	4
以色列	300	1	—	—	300	2	—	—
意大利	279	2	368	4	238	3	302	4
牙买加	25	3	25	3	25	3	25	3
日本	43	2	1250	7	43	3	—	—
约旦	1250	2	—	—	300	7	—	—
哈萨克斯坦	25	3	478	9	25	3	403	8
肯尼亚	145	3	496	5	262	3	439	6
韩国	1250	2	75	2	2000	3	75	2
科威特	25	2	—	—	75	1	75	2

续　表

经济体	第 24 问：出口时间和费用				第 25 问：进口时间与成本			
	港口或机场供应链[a]		陆路供应链[b]		港口或机场供应链[c]		陆路供应链[b]	
	距离[d]（千米）	交付周期（天）	距离（千米）	交付周期（天）	距离（千米）	交付周期（天）	距离（千米）	交付周期（天）
拉脱维亚	25	1	1800	3	25	1	2000	3
黎巴嫩	25	1	—	—	25	1	—	—
利比里亚	300	7	750	10	300	7	750	10
利比亚	25	11	—	—	25	4	—	—
立陶宛	332	2	1107	4	399	3	1392	5
卢森堡	67	2	407 l	2	130	2	133	2
马其顿	105	2	760	2	183	2	633	2
马达加斯加	—	3	—	—	—	—	—	—
马拉维	1250	—	1250	25	—	—	—	—
马来西亚	75	3	—	—	300	7	—	—
马尔代夫	43	6	75	10	83	9	119	10
马耳他	25	1	66	3	25	1	25	2
毛里塔尼亚	3500	13	3500	6	2000	32	—	—
毛里求斯	25	2	25	2	25	2	25	2
墨西哥	255	2	1690	5	219	3	1601	4
摩尔多瓦	3500	25	1250	3	3500	32	1250	3
蒙古	86	4	1181	16	75	4	772	12
摩洛哥	186	4	2000	6	202	5	1432	8
纳米比亚	364	3	1558	5	613	3	2092	5
荷兰	218	3	414	2	184	2	226	2
尼日尔	25	1	—	—	750	12	—	—
尼日利亚	177	3	447	4	155	3	358	4
挪威	750	2	1250	4	—	—	1250	3
阿曼	300	2	474	3	150	2	474	3
巴基斯坦	264	4	576	7	391	5	562	6
巴拿马	75	4	300	10	75	4	300	6
秘鲁	25	2	25	2	25	1	25	1
菲律宾	64	3	241	10	61	7	300	9
波兰	300	1	1054	4	300	1	612	2
葡萄牙	87	2	1025	21	296	8	1620	20
卡塔尔	48	4	2094	7	133	3	1620	5
罗马尼亚	377	3	701	3	212	3	1024	4
俄罗斯	617	5	1012	5	668	7	2646	14
卢旺达	440	2	1006	3	510	3	881	6
沙特阿拉伯	47	3	108	2	104	7	595	13
塞内加尔	1543	6	1095	6	297	3	297	4

续　表

经济体	第24问：出口时间和费用				第25问：进口时间与成本			
	港口或机场供应链[a]		陆路供应链[b]		港口或机场供应链[c]		陆路供应链[b]	
	距离[d]（千米）	交付周期（天）	距离（千米）	交付周期（天）	距离（千米）	交付周期（天）	距离（千米）	交付周期（天）
塞尔维亚	43	1	1250	4	43	2	750	3
新加坡	31	2	44	2	35	2	107	2
斯洛伐克	—	—	1486	5	—	—	889	4
斯洛文尼亚	323	2	393	2	325	2	393	2
南非	278	3	1281	6	224	3	730	4
西班牙	83	3	750	3	149	4	—	—
斯里兰卡	70	1	95	4	43	2	33	2
苏丹	1233	11	1872	18	924	12	1673	16
瑞典	—	—	968	3	—	—	750	3
瑞士	75	1	750	5	75	2	750	5
叙利亚	300	1	300	1	1250	5	1250	5
中国台湾	111	1	349	2	166	1	646	2
坦桑尼亚	46	4	234	6	79	4	322	7
泰国	25	1	25	2	25	1	25	2
多哥	33	2	286	5	25	3	177	6
特立尼达和多巴哥	750	7	—	—	750	7	—	—
突尼斯	113	3	621	5	109	3	1004	9
土耳其	121	2	1118	5	119	2	574	4
乌干达	710	5	2483	8	787	6	1250	4
乌克兰	923	3	2904	8	750	2	2092	5
阿拉伯联合酋长国	70	2	307	3	107	2	265	2
英国	387	2	634	3	357	3	653	4
美国	427	3	1081	4	237	3	483	4
乌拉圭	78	4	512	3	52	3	3500	2
乌兹别克斯坦	296	18	25	10	512	20	387	12
越南	141	3	249	3	102	3	230	3
也门	1250	3	1250	5	1250	7	1250	7
赞比亚	445	9	1432	13	155	6	1245	12
津巴布韦	760	5	2381	9	941	10	2706	34

注释：

a　表示从源地（销售方工厂，通常位于首都或是最大的商业中心）到装卸的港口（港口/机场），不包括国际货运（EXW—FOB）；

b　表示从源地（销售方工厂，通常位于首都或是最大的商业中心）到购买者的仓库（EXW—DDP）；

c　表示从卸货港口到购买者的仓库（DAT—DDP）；

d　表示港口和机场距离指标的总和。

资料来源：2016年物流绩效指数。

附表 3.2　　国内 LPI 结果（问题 26 ~ 问题 29，问题 31，问题 32）

经济体	第 26 问：满足质量标准的货运百分比	第 27 问：机构数量		第 28 问：表格数量		第 29 问：清关时间（天）[a]		第 31 问：实物检查	第 32 问：多重检查
	货运百分比（%）	进口	出口	进口	出口	无实物检查	有实物检查	进口货运百分比（%）	进行实物检查的货运百分比（%）
阿尔巴尼亚	93	1	1	4	4	0	1	6	3
阿尔及利亚	53	3	3	3	3	3	6	75	50
安哥拉	88	5	5	7	7	6	10	35	1
阿根廷	84	6	4	6	4	1	4	28	4
亚美尼亚	—	3	5	6	7	—	—	—	—
澳大利亚	93	2	1	7	3	2	4	3	1
奥地利	96	1	1	2	2	0	1	2	1
孟加拉国	65	4	3	5	4	2	3	30	12
白俄罗斯	92	5	4	4	4	1	2	6	1
比利时	79	1	1	2	2	1	2	2	1
贝宁	59	4	3	2	2	1	1	5	9
玻利维亚	40	3	2	9	10	3	35	18	1
波斯尼亚和黑塞哥维那	68	2	1	3	3	0	1	11	3
巴西	90	3	3	3	3	3	4	6	2
文莱	—	—	—	—	—	—	—	—	—
保加利亚	91	2	2	3	3	1	1	16	1
布基纳法索	90	5	5	6	6	2	4	11	1
布隆迪	52	5	4	3	4	3	4	19	10
柬埔寨	92	2	2	4	4	2	2	21	10
喀麦隆	58	6	7	9	9	3	4	29	21
加拿大	89	3	2	2	2	0	3	3	1
乍得	61	4	4	6	4	8	5	11	9
中国	72	3	3	5	4	2	3	10	3
哥伦比亚	95	4	4	5	4	3	5	5	6
刚果（金）	40	7	7	6	6	5	6	75	61
刚果（布）	59	6	6	2	3	2	3	33	11
哥斯达黎加	51	2	2	3	2	1	4	9	3
科特迪瓦	—	2	2	—	—	1	2	6	1
古巴	83	3	3	2	2	5	8	35	6
塞浦路斯	92	1	1	1	1	1	1	22	9
捷克	40	1	1	2	2	0	1	11	6
丹麦	97	1	1	1	1	0	1	3	3
吉布提	80	3	3	3	3	1	1	8	5

续 表

经济体	第26问：满足质量标准的货运百分比	第27问：机构数量		第28问：表格数量		第29问：清关时间（天）[a]		第31问：实物检查	第32问：多重检查
	货运百分比（%）	进口	出口	进口	出口	无实物检查	有实物检查	进口货运百分比（%）	进行实物检查的货运百分比（%）
多米尼加	89	3	3	4	4	2	3	20	6
厄瓜多尔	92	4	3	4	3	1	1	2	1
埃及	75	5	3	5	4	2	2	27	4
爱沙尼亚	93	1	1	1	1	1	1	1	1
埃塞俄比亚	83	7	4	7	5	2	3	5	8
芬兰	93	1	1	1	1	0	1	2	1
法国	—	—	—	—	—	1	2	3	—
冈比亚	88	7	—	7	—	1	1	1	—
格鲁吉亚	57	1	1	3	3	0	1	3	1
德国	94	2	2	2	2	1	2	3	2
加纳	82	6	6	6	5	2	2	33	6
希腊	92	1	1	2	2	1	1	9	4
危地马拉	57	3	3	4	4	3	4	36	6
海地	40	3	3	2	2	7	10	6	1
洪都拉斯	74	3	3	3	3	1	3	21	3
中国香港	89	3	3	3	4	1	2	3	3
匈牙利	97	1	1	1	1	1	1	3	1
印度	69	3	4	5	5	2	3	22	4
印度尼西亚	80	2	2	4	3	2	4	5	2
伊朗	65	5	5	6	5	3	4	39	20
伊拉克	40	3	5	6	6	3	6	75	75
爱尔兰	95	1	1	1	1	0	2	1	1
以色列	95	5	3	3	2	0	1	3	1
意大利	91	2	2	3	2	1	2	4	2
牙买加	93	4	4	4	5	1	4	50	50
日本	62	3	3	2	1	1	2	1	1
约旦	83	4	3	4	4	2	3	14	3
哈萨克斯坦	89	2	2	3	3	1	2	5	2
肯尼亚	77	5	4	5	4	2	2	40	10
韩国	97	2	1	4	2	1	2	18	18
科威特	83	3	1	1	1	3	3	75	1
拉脱维亚	93	2	2	2	2	0	2	8	2
黎巴嫩	96	1	2	2	3	1	2	61	18
利比里亚	—	5	7	4	4	1	2	3	3

续 表

经济体	第 26 问：满足质量标准的货运百分比	第 27 问：机构数量		第 28 问：表格数量		第 29 问：清关时间（天）[a]		第 31 问：实物检查	第 32 问：多重检查
	货运百分比（%）	进口	出口	进口	出口	无实物检查	有实物检查	进口货运百分比（%）	进行实物检查的货运百分比（%）
利比亚	83	4	3	5	4	4	7	35	35
立陶宛	92	2	2	2	2	0	1	3	2
卢森堡	85	1	1	1	2	0	1	3	2
马其顿	79	2	2	3	2	1	1	8	3
马达加斯加	83	10	10	5	5	2	7	6	6
马拉维	—	2	3	7	7	5	6	14	9
马来西亚	83	—	—	—	—	—	—	—	—
马尔代夫	59	3	3	3	3	2	2	13	12
马耳他	85	1	1	1	1	1	1	5	2
毛里塔尼亚	40	1	2	2	1	0	1	50	18
毛里求斯	94	5	4	2	2	1	2	6	1
墨西哥	79	3	2	4	3	1	2	9	3
摩尔多瓦	88	3	4	3	4	1	2	18	6
蒙古	88	3	4	3	4	1	1	27	9
摩洛哥	80	3	2	4	4	2	2	10	3
纳米比亚	90	2	2	3	3	2	4	7	2
荷兰	88	1	1	2	1	0	1	2	1
尼日尔	83	4	4	1	1	1	1	18	6
尼日利亚	62	8	7	8	6	3	4	49	13
挪威	93	1	1	1	1	0	1	1	1
阿曼	40	4	4	3	3	1	2	11	3
巴基斯坦	68	4	4	3	3	2	3	22	10
巴拿马	—	3	2	2	1	1	3	18	1
秘鲁	83	2	3	1	2	1	1	35	1
菲律宾	58	5	5	5	5	3	7	21	3
波兰	95	1	1	1	1	1	1	11	7
葡萄牙	88	2	1	2	2	1	2	16	4
卡塔尔	76	5	5	3	3	1	2	32	14
罗马尼亚	90	1	1	2	2	1	1	3	1
俄罗斯	55	2	3	4	5	3	5	22	6
卢旺达	79	6	5	6	5	1	1	45	14
沙特阿拉伯	65	2	2	3	2	2	4	62	6

续 表

经济体	第26问：满足质量标准的货运百分比	第27问：机构数量		第28问：表格数量		第29问：清关时间（天）[a]		第31问：实物检查	第32问：多重检查
	货运百分比（%）	进口	出口	进口	出口	无实物检查	有实物检查	进口货运百分比（%）	进行实物检查的货运百分比（%）
塞内加尔	52	3	3	3	4	1	2	39	7
塞尔维亚	92	1	1	2	2	1	1	3	1
新加坡	87	2	2	1	1	0	1	1	1
斯洛伐克	97	1	1	2	2	0	1	1	1
斯洛文尼亚	92	2	2	3	2	0	1	4	1
南非	76	2	2	3	2	1	4	4	2
西班牙	91	3	2	4	3	1	1	5	3
斯里兰卡	78	3	3	4	3	1	2	37	13
苏丹	68	5	5	5	5	3	5	34	48
瑞典	95	1	1	1	1	0	1	2	2
瑞士	97	1	1	2	2	0	0	1	1
叙利亚	—	2	2	1	1	1	2	50	18
中国台湾	96	3	3	4	4	0	1	3	1
坦桑尼亚	82	6	6	5	5	2	4	61	15
泰国	93	1	1	2	1	1	2	1	1
多哥	65	3	3	3	3	2	2	19	3
特立尼达和多巴哥	40	3	3	6		10	14	50	50
突尼斯	61	4	3	4	3	3	4	66	12
土耳其	68	3	2	3	3	1	2	7	3
乌干达	59	4	5	6	5	2	4	51	10
乌克兰	92	4	4	5	5	1	1	4	3
阿拉伯联合酋长国	82	3	3	3	3	1	1	14	4
英国	88	2	1	2	1	1	1	4	2
美国	96	3	2	3	3	1	2	4	3
乌拉圭	91	1	1	1	1	1	2	3	1
乌兹别克斯坦	61	3	3	5	5	4	9	14	9
越南	57	4	3	4	3	1	3	17	9
也门	93	4	4	3	3	—	3	—	—
赞比亚	86	3	3	4	2	3	4	21	2
津巴布韦	73	5	6	5	5	1	3	35	5

注：— 表示数据未提供；

a 表示已接受的海关申报与清关通告之间的时间间隔。

资料来源：2016 年物流绩效指数。

附录4　四个版本的LPI结果（2010年、2012年、2014年和2016年）

我们利用所有5次LPI调查的6项构成要素来绘制一个大表，以更准确地显示各国的物流绩效。这种方法可降低一次LPI调查与另一次LPI调查之间的随机差异，从而能够对167个国家进行比较。每年每个要素都指定相应的权重：2010年为6.7%，2012年为13.3%，2014年为26.7%，2016年为53.3%。通过这种方法，最新数据就能体现最高权重。

经济体	LPI		海关		基础设施		国际货运		物流质量与竞争力		追踪与追溯		及时性	
	排名	平均分	排名	平均分	排名	平均分	排名	平均分	排名	平均分	排名	平均分	排名	平均分
德国	1	4.17	2	4.07	1	4.38	7	3.79	1	4.20	1	4.21	2	4.41
荷兰	2	4.12	3	4.03	2	4.25	6	3.83	2	4.17	6	4.13	5	4.36
新加坡	3	4.10	1	4.11	3	4.22	4	3.89	5	4.06	9	4.02	6	4.35
瑞典	4	4.08	9	3.84	4	4.19	5	3.84	3	4.13	2	4.19	4	4.37
卢森堡	5	4.08	8	3.84	10	4.08	1	4.02	13	3.90	14	3.96	1	4.68
比利时	6	4.06	10	3.82	11	4.07	3	3.89	4	4.07	3	4.17	3	4.38
英国	7	4.02	5	3.92	6	4.14	8	3.70	6	4.02	7	4.10	7	4.32
中国香港	8	4.00	7	3.88	12	4.06	2	3.92	10	3.95	11	3.99	9	4.21
美国	9	3.95	15	3.73	5	4.16	21	3.55	7	3.99	4	4.17	10	4.21
日本	10	3.95	12	3.81	8	4.12	14	3.63	8	3.97	10	4.02	8	4.22
奥地利	11	3.93	16	3.70	15	3.93	9	3.67	9	3.97	5	4.16	12	4.19
瑞士	12	3.92	6	3.88	7	4.12	16	3.60	14	3.89	15	3.96	13	4.16
加拿大	13	3.90	13	3.79	9	4.09	28	3.51	12	3.91	8	4.03	16	4.12
法国	14	3.88	17	3.68	14	4.00	12	3.64	18	3.80	13	3.98	11	4.21
芬兰	15	3.86	4	3.96	17	3.90	22	3.55	15	3.88	16	3.86	21	4.04
丹麦	16	3.84	11	3.81	19	3.82	11	3.65	11	3.94	24	3.70	17	4.12
挪威	17	3.80	14	3.74	13	4.02	26	3.53	16	3.83	22	3.74	24	4.01
澳大利亚	18	3.79	19	3.64	18	3.86	18	3.58	17	3.82	17	3.85	20	4.04
阿拉伯联合酋长国	19	3.79	18	3.67	16	3.92	13	3.64	23	3.71	19	3.78	18	4.06
爱尔兰	20	3.78	20	3.56	22	3.73	10	3.66	20	3.80	12	3.98	25	4.00
意大利	21	3.72	24	3.41	20	3.78	19	3.58	22	3.71	18	3.83	19	4.04
西班牙	22	3.71	21	3.51	23	3.73	20	3.57	21	3.74	21	3.74	22	4.03

续 表

经济体	LPI		海关		基础设施		国际货运		物流质量与竞争力		追踪与追溯		及时性	
	排名	平均分	排名	平均分	排名	平均分	排名	平均分	排名	平均分	排名	平均分	排名	平均分
中国台湾	23	3.70	27	3.35	25	3.62	15	3.61	19	3.80	25	3.69	14	4.15
韩国	24	3.70	23	3.45	21	3.77	23	3.55	25	3.67	20	3.75	23	4.01
南非	25	3.65	25	3.41	26	3.60	24	3.54	24	3.68	23	3.73	27	3.95
中国	26	3.60	32	3.27	24	3.70	17	3.59	26	3.55	28	3.60	32	3.88
捷克	27	3.54	26	3.39	34	3.28	25	3.53	27	3.55	26	3.66	34	3.83
以色列	28	3.50	28	3.32	31	3.41	45	3.16	28	3.51	30	3.52	15	4.14
卡塔尔	29	3.50	30	3.31	30	3.43	29	3.44	29	3.44	34	3.47	31	3.88
马来西亚	30	3.48	35	3.23	29	3.48	27	3.52	31	3.39	31	3.49	37	3.76
新西兰	31	3.48	22	3.45	27	3.56	51	3.12	34	3.33	29	3.52	28	3.94
葡萄牙	32	3.46	29	3.32	36	3.21	35	3.30	33	3.36	27	3.64	30	3.91
波兰	33	3.45	34	3.26	44	3.12	30	3.43	32	3.39	35	3.46	26	3.97
土耳其	34	3.44	37	3.17	28	3.49	32	3.33	30	3.42	33	3.49	38	3.76
立陶宛	35	3.39	36	3.18	33	3.28	36	3.30	39	3.24	38	3.39	29	3.92
匈牙利	36	3.37	47	2.97	32	3.33	33	3.32	36	3.29	32	3.49	33	3.84
冰岛	37	3.35	31	3.30	42	3.18	41	3.22	35	3.33	39	3.39	39	3.71
泰国	38	3.29	40	3.11	39	3.20	34	3.32	42	3.16	45	3.28	40	3.69
爱沙尼亚	39	3.28	33	3.27	43	3.14	52	3.12	43	3.15	49	3.18	36	3.80
拉脱维亚	40	3.27	42	3.08	48	3.06	39	3.24	41	3.16	37	3.39	42	3.67
斯洛伐克	41	3.27	41	3.09	41	3.19	37	3.28	44	3.13	56	3.08	35	3.82
印度	42	3.26	46	2.97	45	3.12	38	3.25	38	3.24	42	3.33	45	3.65
斯洛文尼亚	43	3.23	48	2.95	37	3.20	53	3.10	37	3.27	43	3.32	49	3.56

续　表

经济体	LPI		海关		基础设施		国际货运		物流质量与竞争力		追踪与追溯		及时性	
	排名	平均分	排名	平均分	排名	平均分	排名	平均分	排名	平均分	排名	平均分	排名	平均分
智利	44	3.23	38	3.16	57	2.94	43	3.18	50	3.03	36	3.40	44	3.65
巴拿马	45	3.22	43	3.04	46	3.12	31	3.36	52	3.03	55	3.08	41	3.68
巴林	46	3.22	39	3.11	47	3.10	44	3.17	40	3.23	40	3.35	65	3.37
沙特阿拉伯	47	3.16	58	2.76	35	3.26	54	3.10	49	3.05	48	3.22	48	3.58
希腊	48	3.16	50	2.90	40	3.19	65	2.93	55	2.96	41	3.34	43	3.66
墨西哥	49	3.11	57	2.77	56	2.95	59	3.05	46	3.11	44	3.29	58	3.46
克罗地亚	50	3.11	45	3.01	54	2.98	60	3.05	48	3.07	53	3.13	64	3.39
阿曼	51	3.10	53	2.82	38	3.20	42	3.22	53	3.02	65	2.89	61	3.43
科威特	52	3.08	54	2.80	50	3.00	40	3.23	64	2.84	50	3.16	60	3.44
马耳他	53	3.07	52	2.83	51	3.00	48	3.12	56	2.91	57	3.08	55	3.47
巴西	54	3.06	70	2.62	49	3.05	68	2.90	45	3.11	46	3.24	57	3.46
埃及	55	3.06	63	2.71	55	2.96	56	3.08	47	3.09	54	3.09	63	3.41
罗马尼亚	56	3.05	51	2.87	62	2.76	47	3.13	57	2.91	58	3.08	51	3.53
塞浦路斯	57	3.04	44	3.02	53	2.98	64	2.93	63	2.84	70	2.84	47	3.61
越南	58	3.03	59	2.75	59	2.80	46	3.15	58	2.91	60	3.00	53	3.51
肯尼亚	59	3.02	68	2.64	60	2.78	50	3.12	59	2.91	51	3.14	52	3.51
印度尼西亚	60	2.99	65	2.70	66	2.70	70	2.90	54	3.00	52	3.13	54	3.50
阿根廷	61	2.99	72	2.58	58	2.85	66	2.91	60	2.88	47	3.23	56	3.47
保加利亚	62	2.96	74	2.58	74	2.62	55	3.08	51	3.03	71	2.84	50	3.53
乌干达	63	2.94	49	2.91	82	2.56	63	2.94	72	2.77	78	2.75	46	3.62
菲律宾	64	2.94	62	2.72	77	2.60	49	3.12	65	2.84	61	2.98	68	3.30

续 表

经济体	LPI		海关		基础设施		国际货运		物流质量与竞争力		追踪与追溯		及时性	
	排名	平均分	排名	平均分	排名	平均分	排名	平均分	排名	平均分	排名	平均分	排名	平均分
乌拉圭	65	2. 88	64	2. 70	64	2. 71	75	2. 83	61	2. 86	67	2. 87	69	3. 29
秘鲁	66	2. 88	67	2. 65	69	2. 67	69	2. 90	68	2. 83	63	2. 91	70	3. 28
文莱	67	2. 87	55	2. 78	63	2. 75	61	3. 00	97	2. 57	64	2. 91	76	3. 19
约旦	68	2. 87	82	2. 51	68	2. 68	57	3. 07	70	2. 78	75	2. 78	67	3. 32
巴基斯坦	69	2. 86	66	2. 69	70	2. 65	62	2. 96	73	2. 77	74	2. 81	75	3. 22
摩洛哥	70	2. 84	99	2. 42	61	2. 78	58	3. 05	75	2. 73	89	2. 65	66	3. 34
博茨瓦纳	71	2. 82	56	2. 78	67	2. 69	91	2. 66	81	2. 66	81	2. 71	62	3. 42
塞尔维亚	72	2. 82	96	2. 43	81	2. 56	74	2. 83	66	2. 84	62	2. 93	71	3. 27
马拉维	73	2. 81	61	2. 73	52	2. 99	87	2. 70	62	2. 86	92	2. 62	99	3. 01
乌克兰	74	2. 81	101	2. 40	80	2. 56	84	2. 72	80	2. 67	59	3. 02	59	3. 45
巴哈马	75	2. 79	60	2. 73	65	2. 71	76	2. 82	71	2. 78	88	2. 65	93	3. 04
卢旺达	76	2. 77	69	2. 63	106	2. 38	72	2. 86	89	2. 63	68	2. 86	78	3. 18
萨尔瓦多	77	2. 76	80	2. 52	102	2. 39	73	2. 84	69	2. 79	73	2. 81	82	3. 14
厄瓜多尔	78	2. 76	77	2. 54	87	2. 49	71	2. 89	87	2. 64	87	2. 66	72	3. 26
坦桑尼亚	79	2. 74	81	2. 51	78	2. 57	79	2. 78	85	2. 65	84	2. 69	74	3. 23
黎巴嫩	80	2. 74	73	2. 58	75	2. 61	82	2. 74	86	2. 65	66	2. 89	103	2. 98
哈萨克斯坦	81	2. 74	91	2. 46	73	2. 63	80	2. 76	88	2. 63	69	2. 84	89	3. 08
柬埔寨	82	2. 72	75	2. 56	104	2. 38	67	2. 91	96	2. 59	76	2. 76	88	3. 08
多米尼加	83	2. 71	89	2. 47	96	2. 42	81	2. 76	74	2. 73	80	2. 72	84	3. 13
哥斯达黎加	84	2. 69	108	2. 38	99	2. 40	78	2. 80	84	2. 65	72	2. 82	90	3. 07
波斯尼亚和黑塞哥维那	85	2. 69	71	2. 59	76	2. 60	111	2. 57	92	2. 62	94	2. 60	79	3. 18

续 表

经济体	LPI		海关		基础设施		国际货运		物流质量与竞争力		追踪与追溯		及时性	
	排名	平均分	排名	平均分	排名	平均分	排名	平均分	排名	平均分	排名	平均分	排名	平均分
斯里兰卡	86	2.68	79	2.52	123	2.24	103	2.62	67	2.84	82	2.71	87	3.08
哥伦比亚	87	2.66	106	2.39	88	2.48	102	2.62	77	2.71	97	2.58	77	3.18
阿尔及利亚	88	2.66	98	2.42	92	2.46	85	2.71	82	2.66	85	2.68	96	3.02
纳米比亚	89	2.66	86	2.49	72	2.64	99	2.63	94	2.61	101	2.54	94	3.04
科特迪瓦	90	2.66	85	2.50	95	2.42	90	2.67	90	2.63	79	2.74	107	2.96
孟加拉国	91	2.65	104	2.39	105	2.38	77	2.81	93	2.62	99	2.57	86	3.09
尼日利亚	92	2.65	115	2.35	94	2.43	115	2.53	78	2.68	77	2.76	81	3.14
突尼斯	93	2.62	137	2.16	91	2.47	101	2.63	95	2.60	86	2.67	80	3.18
巴拉圭	94	2.62	100	2.41	93	2.44	100	2.63	79	2.67	104	2.52	98	3.02
加纳	95	2.62	112	2.37	89	2.48	86	2.71	103	2.51	95	2.59	97	3.02
布基纳法索	96	2.62	93	2.46	86	2.50	105	2.59	91	2.62	115	2.46	91	3.07
危地马拉	97	2.62	76	2.56	109	2.35	110	2.57	105	2.49	96	2.58	85	3.12
俄罗斯	98	2.61	152	2.07	90	2.47	114	2.54	76	2.72	83	2.70	83	3.14
摩尔多瓦	99	2.58	113	2.36	100	2.40	88	2.69	117	2.40	98	2.57	95	3.03
马尔代夫	100	2.57	83	2.51	85	2.53	118	2.52	98	2.55	102	2.53	130	2.79
毛里求斯	101	2.57	117	2.33	84	2.53	94	2.65	104	2.50	120	2.42	106	2.96
尼加拉瓜	102	2.56	88	2.48	107	2.37	108	2.58	100	2.51	108	2.51	113	2.91
阿尔巴尼亚	103	2.56	123	2.30	137	2.17	97	2.64	99	2.54	127	2.37	73	3.26
伊朗	104	2.55	127	2.27	83	2.55	107	2.58	83	2.66	112	2.47	132	2.78
贝宁	105	2.54	107	2.38	98	2.41	109	2.58	101	2.51	118	2.43	110	2.93
圭亚那	106	2.54	111	2.37	120	2.25	116	2.53	106	2.48	90	2.64	109	2.93

续 表

经济体	LPI		海关		基础设施		国际货运		物流质量与竞争力		追踪与追溯		及时性	
	排名	平均分	排名	平均分	排名	平均分	排名	平均分	排名	平均分	排名	平均分	排名	平均分
委内瑞拉	107	2.53	141	2.11	101	2.40	96	2.64	109	2.47	91	2.63	111	2.92
尼日尔	108	2.53	78	2.54	126	2.22	104	2.60	114	2.43	125	2.38	105	2.97
马其顿	109	2.53	126	2.27	79	2.56	121	2.48	108	2.47	122	2.40	101	3.00
洪都拉斯	110	2.53	110	2.38	138	2.15	92	2.66	111	2.46	100	2.55	108	2.94
多哥	111	2.53	114	2.35	131	2.19	98	2.64	126	2.35	93	2.61	102	2.99
牙买加	112	2.53	92	2.46	103	2.39	112	2.55	116	2.41	105	2.52	125	2.82
黑山	113	2.52	105	2.39	111	2.33	89	2.67	125	2.36	107	2.51	120	2.85
白俄罗斯	114	2.51	132	2.21	108	2.36	95	2.65	115	2.42	136	2.34	100	3.01
莫桑比克	115	2.48	119	2.32	134	2.18	83	2.74	131	2.30	111	2.48	123	2.83
格鲁吉亚	116	2.47	116	2.34	112	2.33	133	2.41	132	2.30	106	2.52	115	2.91
圣多美与普林西比	117	2.47	122	2.31	117	2.27	124	2.46	112	2.44	103	2.53	133	2.76
阿塞拜疆	118	2.47	94	2.46	71	2.64	106	2.58	155	2.17	145	2.26	142	2.70
科摩罗	119	2.46	87	2.49	121	2.25	125	2.46	113	2.44	121	2.41	141	2.71
巴布新几内亚	120	2.46	102	2.40	118	2.25	126	2.45	127	2.35	110	2.48	122	2.83
塞内加尔	121	2.46	97	2.42	114	2.29	113	2.55	107	2.47	135	2.34	144	2.66
所罗门群岛	122	2.46	84	2.51	119	2.25	150	2.28	110	2.46	133	2.34	118	2.87
马里	123	2.45	125	2.28	127	2.21	120	2.50	130	2.33	117	2.44	112	2.92
乌兹别克斯坦	124	2.44	138	2.16	113	2.31	141	2.36	122	2.39	123	2.39	104	2.98
几内亚	125	2.42	120	2.32	149	2.08	128	2.44	102	2.51	109	2.50	149	2.63
埃塞俄比亚	126	2.42	95	2.44	144	2.12	117	2.53	121	2.39	132	2.35	151	2.62
蒙古	127	2.41	129	2.25	143	2.13	134	2.41	140	2.25	131	2.35	92	3.05

续 表

经济体	LPI		海关		基础设施		国际货运		物流质量与竞争力		追踪与追溯		及时性	
	排名	平均分	排名	平均分	排名	平均分	排名	平均分	排名	平均分	排名	平均分	排名	平均分
赞比亚	128	2.41	121	2.31	132	2.19	137	2.39	128	2.35	124	2.39	126	2.81
中非	129	2.40	90	2.47	97	2.42	157	2.20	123	2.39	134	2.34	145	2.65
亚美尼亚	130	2.40	135	2.18	115	2.29	130	2.43	118	2.40	146	2.24	124	2.83
特立尼达和多巴哥	131	2.40	109	2.38	110	2.34	148	2.31	135	2.28	142	2.28	128	2.79
几内亚比绍	132	2.40	103	2.40	148	2.09	119	2.51	142	2.24	130	2.35	134	2.74
斐济	133	2.39	124	2.29	116	2.28	135	2.39	148	2.22	138	2.32	131	2.78
缅甸	134	2.38	130	2.25	124	2.22	154	2.25	138	2.27	113	2.47	121	2.84
玻利维亚	135	2.38	139	2.16	136	2.17	131	2.42	146	2.23	114	2.47	129	2.79
尼泊尔	136	2.38	151	2.08	133	2.18	129	2.43	147	2.23	116	2.45	119	2.86
利比里亚	137	2.36	133	2.21	128	2.21	139	2.37	129	2.34	143	2.27	138	2.73
苏丹	138	2.35	147	2.11	151	2.07	140	2.36	133	2.29	129	2.36	117	2.88
布隆迪	139	2.34	148	2.10	155	2.03	149	2.30	137	2.27	119	2.43	114	2.91
不丹	140	2.34	134	2.18	153	2.05	122	2.48	124	2.36	141	2.29	150	2.63
利比亚	141	2.33	153	2.07	150	2.08	136	2.39	120	2.40	149	2.20	127	2.81
安哥拉	142	2.33	157	2.02	140	2.14	123	2.47	141	2.25	139	2.31	136	2.73
马达加斯加	143	2.32	118	2.32	130	2.20	147	2.32	153	2.18	147	2.22	143	2.68
也门	144	2.30	165	1.77	156	2.01	127	2.45	134	2.29	128	2.36	116	2.89
冈比亚	145	2.29	144	2.11	157	2.00	93	2.65	136	2.28	154	2.12	160	2.52
土库曼斯坦	146	2.29	143	2.11	122	2.25	132	2.41	157	2.13	157	2.08	135	2.74
喀麦隆	147	2.27	154	2.07	146	2.11	159	2.14	119	2.40	144	2.27	153	2.60
乍得	148	2.27	136	2.16	142	2.13	142	2.36	158	2.12	148	2.21	155	2.58

续 表

经济体	LPI		海关		基础设施		国际货运		物流质量与竞争力		追踪与追溯		及时性	
	排名	平均分	排名	平均分	排名	平均分	排名	平均分	排名	平均分	排名	平均分	排名	平均分
刚果（布）	149	2. 26	164	1. 84	139	2. 15	151	2. 26	144	2. 23	126	2. 37	140	2. 72
古巴	150	2. 26	128	2. 26	141	2. 13	143	2. 33	154	2. 18	150	2. 20	162	2. 46
津巴布韦	151	2. 24	156	2. 03	125	2. 22	155	2. 24	139	2. 26	153	2. 13	156	2. 57
刚果（金）	152	2. 24	142	2. 11	159	1. 97	158	2. 17	149	2. 22	140	2. 30	147	2. 64
老挝	153	2. 24	149	2. 10	158	1. 98	144	2. 33	150	2. 21	161	2. 02	137	2. 73
塔吉克斯坦	154	2. 24	145	2. 11	135	2. 17	145	2. 33	143	2. 23	152	2. 18	164	2. 36
加蓬	155	2. 23	155	2. 05	154	2. 05	138	2. 38	151	2. 21	156	2. 09	158	2. 55
吉尔吉斯斯坦	156	2. 23	159	1. 99	152	2. 06	153	2. 25	159	2. 07	137	2. 32	146	2. 65
吉布提	157	2. 21	131	2. 23	145	2. 12	156	2. 21	161	2. 02	160	2. 04	148	2. 64
伊拉克	158	2. 19	160	1. 97	160	1. 95	146	2. 32	160	2. 06	158	2. 05	139	2. 72
莱索托	159	2. 16	158	2. 01	147	2. 10	163	2. 07	145	2. 23	159	2. 05	161	2. 50
阿富汗	160	2. 15	146	2. 11	163	1. 86	152	2. 26	156	2. 14	165	1. 88	154	2. 60
厄立特里亚	161	2. 11	161	1. 91	162	1. 88	162	2. 12	152	2. 19	162	1. 96	159	2. 55
赤道几内亚	162	2. 10	150	2. 10	164	1. 79	165	1. 99	162	1. 96	151	2. 19	157	2. 57
毛里塔尼亚	163	2. 07	140	2. 12	161	1. 93	161	2. 12	163	1. 93	166	1. 87	163	2. 40
塞拉利昂	164	2. 04	163	1. 85	129	2. 21	160	2. 13	164	1. 88	164	1. 90	166	2. 28
海地	165	1. 96	162	1. 89	166	1. 70	164	2. 04	165	1. 86	163	1. 90	165	2. 35
叙利亚	166	1. 94	166	1. 61	165	1. 72	166	1. 84	166	1. 73	155	2. 12	152	2. 62
索马里	167	1. 67	167	1. 49	167	1. 54	167	1. 72	167	1. 72	167	1. 51	167	2. 03

资料来源：2010 年、2012 年、2014 年和 2016 年物流绩效指数。

附录 5　LPI 方法

由于物流具有多个维度，因此衡量与总结各国的物流绩效具有很大的挑战性。检查物流过程相关的时间和成本——港口处理、报关、运输等相关项目——是一个良好的开端，在许多情况下，这类信息均有登记记录。但即使数据完备，由于各国供应链之间存在差异，也无法简单地汇总成一个单一稳定的跨国数据集。更重要的是，许多良好物流的关键因素（如过程透明度和服务质量、可预测性和可靠性）无法仅靠进口时间和成本信息来加以评估。

构建国际 LPI

LPI 调查的第一部分（第 10 ~ 15 问）为国际 LPI 提供了原始数据。参与每次调查的受访者根据物流绩效的 6 个核心构成要素对 8 个海外市场进行了评分。根据受访者所在国最重要的出口与进口市场，我们随机选择了 8 个市场。对于来自内陆国家的受访者，则根据连接国际市场与该内陆国家的大陆桥的过境邻国进行选择。每个受访者评价国家组合的方法根据受访者所在国特点的不同而有所差异（见附表 5.1）。

附表 5.1　　受访者选择评价国家的方法

<table>
<tr><th></th><th>低收入国家的受访者</th><th>中等收入国家的受访者</th><th>高收入国家的受访者</th></tr>
<tr><td>沿海国家受访者</td><td>5 个最重要的出口伙伴国家
+
3 个最重要的伙伴国家</td><td>3 个最重要的出口伙伴国家
+
1 个最重要的进口伙伴国家
+
4 个随机挑选的国家，从如下 4 组各选择一个：
a. 非洲；
b. 东亚、南亚和中亚；
c. 拉丁美洲；
d. 欧洲、次中亚和经合组织（OECD）</td><td rowspan="2">从 5 个最重要出口伙作国家和 5 个重要进口伙伴国家名单中随机选择两个国家
+
4 个随机挑选的国家，从如下 4 组各选择一个：
a. 非洲；
b. 东亚、南亚和中亚；
c. 拉丁美洲；
d. 欧洲、次中亚和经合组织（OECD）
+
从 a、b、c 和 d 组合中随机选择两个国家</td></tr>
<tr><td>内陆国家受访者</td><td>4 个最重要的出口伙伴国家
+
2 个最重要的进口伙伴国家
+
2 个大陆桥国家</td><td>3 个最重要的出口伙伴国家
+
1 个最重要的进口伙伴国家
+
2 个大陆桥国家
+
2 个随机挑选的国家，从如下两组各选择一个：
a. 非洲、东亚、中亚和拉丁美洲；
b. 欧洲、次中亚和经合组织（OECD）</td></tr>
</table>

资料来源：2016 年物流绩效指数。

受访者通过网络参与调查。在2016年版中，调查分为两个阶段，分别为2015年10月至12月和2016年3月至4月。两阶段法有助于在第一阶段结束后在覆盖面有限的地区利用更具针对性的宣传努力来构建受访者基础。2016年所使用的网络调查引擎与2012年新引入引擎相同，其采用了统一随机抽样法（USR）来从代表性不足的国家获取最可能的回复。由于调查引擎在很大程度上依赖于受访者专门选择国家的方法，该方法基于国家之间的高贸易量，因此USR有助于低贸易量国家在选择国家过程中上升至顶部。

2015/2016年度调查引擎构建了一套供受访者选择国家集合的方法（见附表5.1）。获取200份调查后，将统计随机采样法引入调查引擎程序用于选择国家。对于每名新的调查受访者，USR请求随机选择（但概率不一致，通过权重选择来使抽样概率逐渐相同）的国家给予响应。通过这种方式，国家i被选择的概率为（$N-n_i$）/$2N$，其中n_i指国家i截至目前的样本量，N指总样本量。

国际LPI报告是物流绩效的综合指标，它将6个核心绩效构成要素的数据组合成一个单一的综合衡量指标。一些受访者未能提供所有6个构成要素的信息，因此只好使用插值来弥补缺失值。缺失值均采用该国每个问题平均回答情况来替代，并根据受访者回答问题与国家平均值的均差来进行调整。

6个核心构成要素分别为：

- 在调查问卷第10问中，海关和边境清关的效率，从“很低”（1）至“很高”（5）进行打分；
- 在调查问卷第11问中，贸易和运输基础设施质量，从“很低”（1）至“很高”（5）进行打分；
- 在调查问卷第12问中，安排具有竞争力价格货运的便利性，从“很困难”（1）至“很简便”（5）进行打分；
- 在调查问卷第13问中，物流服务竞争力与质量，从“很低”（1）至“很高”（5）进行打分；
- 在调查问卷第14问中，追踪与追溯货物运输的能力，从“很低”（1）至“很高”（5）进行打分；
- 在调查问卷第15问中，货物运输在既定或预期时间的到货率，从“几乎不能”（1）至“几乎总是”（5）进行打分。

LPI由上述6项指标利用主要构成要素分析（PCA）构建而成，（PCA）是一种用于降低数据集维度的标准统计技术。在LPI报告中，输入进行分析的数据是各国在第10~15问的评分，并根据给定海外市场的数据在所有受访者之间进行平均。在进行PCA之前，减去样本平均值并除以标准差对评分进行标准化。PCA的输出结果是一个单一指标，LPI就是那些数据的加权平均值。权重用来最大限度提高原始6项LPI指标的变异百分比（占综合指标的百分比）。

PCA步骤的完整细节见附表5.2和附表5.3。附表5.2的第一行表明6个核心指标相关矩阵的首个（最主要）特征值大于1，且远远大于其他特征值。标准统计检验（如Kaiser准则和特征值碎石图）表明，应采用单一主要构成要素来描述基础数据。这一主要构成要素就是国际LPI。附表5.2表明，在6个构成要素中，国际LPI的变异占92%。

附表5.2 国际LPI主要构成要素分析

构成要素	特征值	差异	方差比例	
			个体	累计
1	5.66	5.55	0.94	0.94
2	0.11	0.03	0.02	0.96
3	0.08	0.02	0.01	0.98
4	0.06	0.02	0.01	0.99
5	0.05	0.01	0.01	0.99
6	0.04	—	0.01	1.00

注：—表示无数据。

附表5.3 国际LPI构成要素权重

构成要素	权重
海关	0.41
基础设施	0.41
国际货运	0.41
物流质量与竞争力	0.41
追踪与追溯	0.41
及时性	0.40

为构建国际LPI，我们分别将6个原始指标的标准化得分乘以主要构成要素权重（见附表5.3），然后求和，构成要素权重表示在构建国际LPI中每个原始指标的权重。由于所有6个指标的权重相近，国际LPI与6个指标的简单平均值相近。虽然每个版本的LPI调查报告都要重新进行PCA，但每年的权重仍保持不变，因此不同版本LPI报告之间具有高度可比性。

构建置信区间

为考虑LPI调查方法产生的抽样误差，LPI评分以大约为置信区间的80%来表示。这些置信区间使得对于一个国家的评分和排名提供上限和下限成为可能。要确定评分变化或两次评分之间差异是否存在统计学显著差异，必须认真检查置信区间。例如，除非某国2016年LPI评分超过2014年LPI评分上限，否则不能认为该国物流绩效存在统计学显著提高。

为计算置信区间，我们对所有参与某国评分的受访者的LPI评分标准误差进行了估计，那么置信区间的上限和下限分别为：

$$LPI \pm \frac{t_{(0.1,N-1)}S}{\sqrt{N}}$$

其中，LPI 表示该国的 LPI 评分，N 表示调查受访者人数，S 表示估计的标准误差，t 表示受访者的 t 分布。该方法结果表明，由于这些估值确定性较低，受访者人数较少的小型市场的置信区间和评分及排名的取值范围变化较大。

利用高分和低分计算该国排名的上限和下限。上限是指当一个国家 LPI 评分位于置信区间上限而非中心位置时的该国的 LPI 排名。下限是指一个国家 LPI 评分位于置信区间下限而非中心位置时该国的 LPI 排名。在这两种情况下，所有其他国家的 LPI 评分均保持不变。

1～5 级的平均置信区间为 0.23，约为平均国家 LPI 评分的 8%。由于 LPI 评分群处于分布的中间，所以置信区间相当于 20 个排名位置，从而可利用这 20 个排名位置的上下限进行上述计算。在解读 LPI 评分与排名的微小差异时应格外谨慎。

虽然这是国家物流和贸易便利化最全面的数据源，但 LPI 存在两个重要局限性。首先，国际货运代理商的经验可能无法代表贫穷国家更为广泛的物流环境，这些物流环境通常取决于传统运营商。同时，国际和传统运营商在与政府打交道时存在差异，其服务水平也同样存在差异。其次，对于内陆国家和小型岛屿国家而言，LPI 报告也许可以反映其他国家的准入问题，如过境困难。内陆国家（如老挝）的低得分可能无法充分反映其在贸易便利性改革方面所做的努力，这取决于复杂的国际体系的工作方式。内陆国家无法通过国内改革来提高过境效率。

构建国内 LPI 数据库

LPI 调查的第二部分为国内 LPI，其中受访者提供了他们工作所在国物流的定性和定量信息。

第 17～第 22 问要求受访者从五个绩效类别中选择一个。例如，在第 17 问中，受访者可以描述他们国家港口费用为“非常高”“高”“平均”“低”或者“非常低”。和国际 LPI 一样，对这些选项按从 1（最差）到 5（最佳）进行编码。附录 2 列出了认为物流环境各个方面评分为 1～2 或 4～5 受访者百分比的国家平均值。第 23 问涉及物流业不同员工组别（操作人员、行政人员、监督人员和管理人员）优质员工的可用性。

除了少数例外，第 24～第 35 问询问受访者关于其所在国国际供应链的信息，在下拉菜单中提供选项。当一个答案表示一个单一值时，就将该答案编码为该值的对数。当答案表示一个范围时，答案就编码为该范围中值的对数。例如，出口距离可以表示为不足 50 千米、50～100 千米和 100～500 千米等，因此 50～100 千米的答复即可编码为 log75。可以应要求提供编码矩阵的完整详细信息。

国家 LPI 评分是将所有受访者对一个国家评分的对数平均值取幂。这种方法相当于几何平均值。地区 LPI 评分、收入群体 LPI 评分和 LPI 五分区是相关国家 LPI 评分的简单平均值。

附录6 受访者统计资料

陆路物流运输对物流绩效的关键方面进行的评估最佳，因此LPI采用在跨国货运代理商和主要快递公司的物流专业人士之间进行结构化在线调查。2016年LPI数据以2015年10—12月之间和2016年3—4月进行的调查为基础，由分布于132个国家不同国籍物流公司的1051名受访者而得出。2016年LPI调查的受访者数量与其他版本LPI调查的受访者数量大致相同。

受访者的地理分布

2016年LPI调查的受访者所在地区反映了贸易便利化对发展中国家日益增长的重要性。在这些受访者中，62%的受访者来自低收入国家（11%）或中等收入国家（51%）。虽然总的数字与2014年LPI报告相近，但今年低收入国家所做的贡献相对多些。然而，来自低收入国家的受访者数量仍相对较少，因为他们在世界贸易中的作用较小，且难以有效地与陆路运营商进行沟通（见附图6.1）。

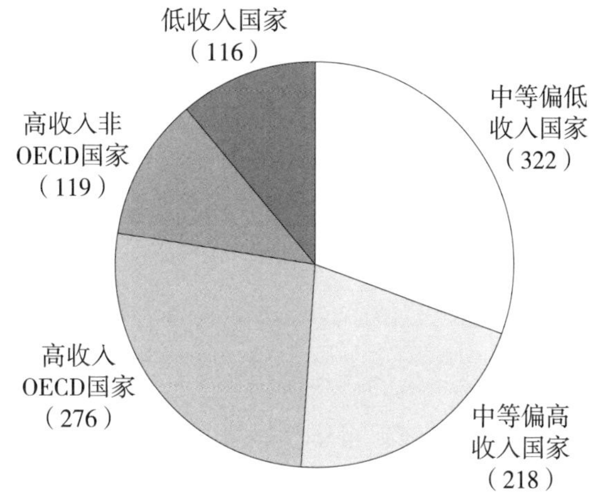

附图6.1 世界银行收入组别中2016年LPI调查受访者数量

资料来源：2016年物流绩效指数。

在发展中国家中，所有的区域都得到了很好的体现（见附图6.2）。与前几次调查相比，2016年版做得要好些，因为包括了撒哈拉沙漠以南非洲，这在一定程度上要归功于采用两阶段抽样方法。虽然每年不同地区受访者比例会有所不同，但确保所有地区发展中国家能得到充分代表仍非常重要。

受访者在公司的职位

LPI报告既评估大公司，也评估中小型企业。大公司（雇有250名或以上员工的公司）约占回答数的24.5%，稍高于2014年的数字。因此，大部分回答均来自中小型企业。

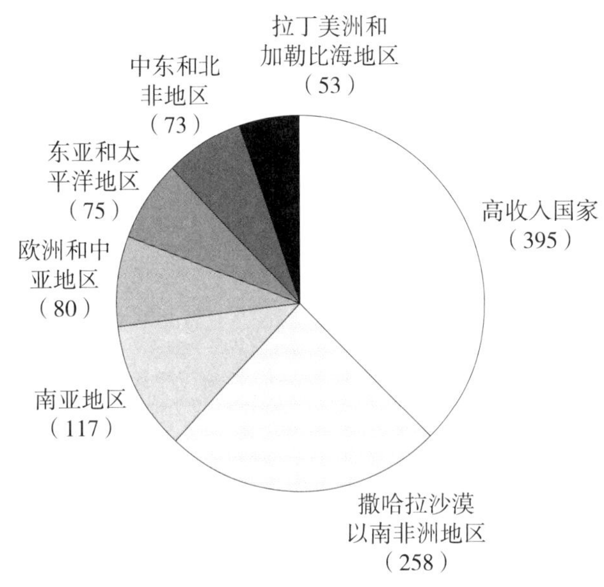

附图 6.2　世界银行业务地区 2016 年 LPI 调查受访者人数

注：世界银行业务地区不包括高收入国家，因此在这里将其作为单独一类。

资料来源：2016 年物流绩效指数。

公司知识面广的高级雇员对于调查非常重要。2016 年的受访者包括高级管理人员（53%），地区或国家级管理人员（15%）和部门经理（16%）。上述来自公司总部或国家级分公司的专业人士组别既可能行使监督职责，也可能直接参与日常运营工作。与 2014 年相比，2016 年受访者的相对资历稍有提高。2/3 的受访者在公司总部或地区总部工作（43%）或在国家级分公司办公室任职（22%），其余均在地方分公司（6%）或独立公司工作（27%）。

大部分受访者（52%）表示在一定范围内提供物流服务是他们的主要工作。这种服务包括仓储和配送、为客户定制物流解决方案、快递服务、大批或散装货物运输，以及拼箱集装箱、全集装箱或全拖车装载运输。相比之下，仅有 33% 的受访者在具有全集装箱或全拖车装载运输（22%）或在给客户定制的物流解决方案（11%）业务的公司工作。

在所有受访者中，46% 的受访者涉及多式联运，24% 的受访者涉及海运，11% 的受访者涉及空运。仅有 3% 的受访者处理国内贸易，46% 的受访者处理出口或进口业务。29% 的受访者的工作涉及全球大部分地区，其他受访者主要在欧洲（27%）、亚洲（18%）、非洲（14%）或美洲（8%），其余 4% 在中东地区、澳大利亚和太平洋地区工作。

双边印象问题

在评估他们负责的各自区域时，双边印象问题可能在促进调查受访者感知方面起到了一定的作用。在上一版 LPI 调查中表明，虽然受访者的个人偏好可能会改变对较远的贸易伙伴及邻国物流绩效某些方面的印象，但这些影响并不代表存在显著偏差。例如拉丁美洲，我们发现尽管不可避免地存在这些影响且存在主观性，但LPI评分仍相对紧密地排列于平均值周围，这说明任何可能的偏差均有限。

在本版LPI报告中，两阶段数据收集增加了调查的地理区域，而传统上很少有来自这些区域的受访者。尤其是来自撒哈拉沙漠以南非洲物流运营商在内的受访者的比例较高。根据跨地区相互评估的简单比较，撒哈拉沙漠以南非洲的受访者看来对其他撒哈拉沙漠以南非洲国家的评分要比来自其他区域受访者更为宽松。虽然我们认为这种影响可以忽略，但以一种特定方法控制这种影响需要对LPI方法进行大幅修正，这很可能会导致不同版本LPI报告比较中出现不连续性。因此，这种可能存在的宽松效应在评估撒哈拉沙漠以南非洲国家时应加以考虑。基于印象调查中的受访者个人偏好问题值得做进一步研究，以得出额外的不受上述问题影响的物流绩效指标。

附录 7　世界银行物流绩效评价调查（2016）

您在这里 ▶ **开始填写问卷** > 国际物流绩效评价指标体系 > 国内物流绩效评价指标体系 > 结束填写调查问卷

+ 问卷调查状态

Edit: English | Edit: Spanish | Edit: Chinese, Simplified | Edit: French | Edit: Russian |

请在以下各项中选择**最符合**您的工作职位和工作性质的选项（*需填空格）

1/33 您在公司的职位（选一项）：
- ○ 高级主管
- ○ 地区及/或国别主管经理
- ○ 部门经理
- ○ 管理人员
- ○ 操作人员
- ○ 其它

2/33 贵公司的组织机构级别
- ○ 总公司及/或区域总部
- ○ 公司在某国的分支机构
- ○ 公司在某国的地方分支机构
- ○ 独立运营公司或私人企业

3/33 您公司的员工人数为（选一项）：*
- ○ 1-9
- ○ 10-49
- ○ 50-249
- ◉ 250-499
- ○ 500 或更多

4/33 贵公司物流业务的主要运输方式（选一项）：
- ○ 海运
- ○ 公路运输
- ○ 铁路运输
- ○ 空运
- ○ 快递
- ○ 以上所有

5/33 贵公司物流业务的范围（选一项）：
- ○ 出口
- ○ 进口
- ○ 进出口
- ○ 国内业务
- ○ 国际业务
- ○ 以上所有

6/33 贵公司物流业务的主要类型（选一项）：
- ○ 集装箱/拖车整箱货物运输
- ○ 集装箱/拖车非整箱货物运输
- ○ 散装货运输
- ○ 按照客户定制的物流方案运输
- ○ 货物仓储及派送
- ○ 快件递送服务
- ○ 以上所有

7/33 贵公司主要和以下的那个地区有业务往来（选择一个）：

--- 选择 ---

8/33 您当前工作的所在国*

美国

☑ 请点击这里以确认您的国家选择*

您目前所工作的国家：您已经选择了

美国

作为您目前工作的国家. 如果不正确, 请重新选择正确的国家.

9/33 输入贵公司所在地的邮政编码（或城市名称）

电子邮件

请在此输入您的电子邮件地址, 以使用“稍后继续”按钮（可选）

您在这里 ▶ 开始填写问卷 > **国际物流绩效评价指标体系** > 国内物流绩效评价指标体系 > 结束填写调查问卷

+ 问卷调查状态

Edit: English | Edit: Spanish | Edit: Chinese, Simplified | Edit: French | Edit: Russian |

在问题10-16这部分问卷中，您将从七个方面对以下八个国家的物流业进行评估。问题所涉及的国家均为您所选工作国家（美国）的贸易伙伴国。

请根据您关于**国际货物运输**的经验，按照**最恰当**的行业标准或惯例选择对以下国家物流最恰当的评价。

10/33 请对以下国家包括海关在内的边境控制机构**清关程序的效率**进行评估

	很低	低	一般	高	很高
加拿大	○	○	○	○	○
墨西哥	○	○	○	○	○
日本	○	○	○	○	○
德国	○	○	○	○	○
马尔代夫	○	○	○	○	○
危地马拉	○	○	○	○	○
乌拉圭	○	○	○	○	○
南非	○	○	○	○	○

您在这里 ▶ 开始填写问卷 > **国际物流绩效评价指标体系** > 国内物流绩效评价指标体系 > 结束填写调查问卷

+ 问卷调查状态

Edit: English | Add translation: Spanish | Add translation: Chinese, Simplified | Add translation: French | Add translation: Russian |

11/33 请对以下国家的**贸易和运输相关的基础设施**（如港口，铁路，道路，信息技术）进行评估…

	很低	低	一般	高	很高
加拿大	○	○	○	○	○
墨西哥	○	○	○	○	○
日本	○	○	○	○	○
德国	○	○	○	○	○
马尔代夫	○	○	○	○	○
危地马拉	○	○	○	○	○
乌拉圭	○	○	○	○	○
南非	○	○	○	○	○

12/33 在运价很好的前提下，请对以下国家**安排货物运输的简便程度**进行评估 …

	很困难	困难	一般	简便	很简便
加拿大	○	○	○	○	○
墨西哥	○	○	○	○	○
日本	○	○	○	○	○
德国	○	○	○	○	○
马尔代夫	○	○	○	○	○
危地马拉	○	○	○	○	○
乌拉圭	○	○	○	○	○
南非	○	○	○	○	○

您在这里 ▶ 开始填写问卷 > **国际物流绩效评价指标体系** > 国内物流绩效评价指标体系 > 结束填写调查问卷

＋ 问卷调查状态

Edit: English | Add translation: Spanish | Add translation: Chinese, Simplified | Add translation: French | Add translation: Russian |

13/33 请对以下国家**物流服务的总体表现和质量**（如运输公司，海关报关行等）进行评估：

	很低	低	一般	高	很高
加拿大	○	○	○	○	○
墨西哥	○	○	○	○	○
日本	○	○	○	○	○
德国	○	○	○	○	○
马尔代夫	○	○	○	○	○
危地马拉	○	○	○	○	○
乌拉圭	○	○	○	○	○
南非	○	○	○	○	○

14/33 如果货物需运至下列国家，请对**跟踪货物交托的能力**进行评估

	很低	低	一般	高	很高
加拿大	○	○	○	○	○
墨西哥	○	○	○	○	○
日本	○	○	○	○	○
德国	○	○	○	○	○
马尔代夫	○	○	○	○	○
危地马拉	○	○	○	○	○
乌拉圭	○	○	○	○	○
南非	○	○	○	○	○

您在这里 ▶ 开始填写问卷 > **国际物流绩效评价指标体系** > 国内物流绩效评价指标体系 > 结束填写调查问卷　　**+ 问卷调查状态**

Edit: English | Add translation: Spanish | Add translation: Chinese, Simplified | Add translation: French | Add translation: Russian |

15/33 当向以下国家运输货物时，货物是否能够**按时送达收货人**？

	几乎不能	很少能	有时能	经常能	几乎总是
加拿大	○	○	○	○	○
墨西哥	○	○	○	○	○
日本	○	○	○	○	○
德国	○	○	○	○	○
马尔代夫	○	○	○	○	○
危地马拉	○	○	○	○	○
乌拉圭	○	○	○	○	○
南非	○	○	○	○	○

16/33 托运人在委托运送货物时，**经常会要求环境友好的运输安排吗**（例如：关于污染气体排放水平，运输路线选择，船只车辆型号，日程安排等的要求）：

	几乎不能	很少能	有时能	经常能	几乎总是
加拿大	○	○	○	○	○
墨西哥	○	○	○	○	○
日本	○	○	○	○	○
德国	○	○	○	○	○
马尔代夫	○	○	○	○	○
危地马拉	○	○	○	○	○
乌拉圭	○	○	○	○	○
南非	○	○	○	○	○

17/33 请根据您在**国际物流**方面的经验选择能够描述您所工作的国家（美国）的物流环境的**最佳**选项：

	很高	高	一般	低	很低
海港的港口费用	○	○	○	○	○
航空港的港口费用	○	○	○	○	○
公路运输的费率	○	○	○	○	○
铁路运输的费率	○	○	○	○	○
仓储费用	○	○	○	○	○
代理的费用	○	○	○	○	○

18/33 请评估您所工作国家（美国）的**与贸易和运输相关的基础设施的质量**（如：港口、道路、机场、信息技术）：

	很低	低	一般	高	很高
海港基础设施	○	○	○	○	○
机场基础设施	○	○	○	○	○
道路基础设施	○	○	○	○	○
铁路基础设施	○	○	○	○	○
仓储设施	○	○	○	○	○
通讯基础设施及信息技术服务	○	○	○	○	○

19/33 请评估您所工作的国家(美国) 在以下方面的**实力及服务质量**:

	很低	低	一般	高	很高
公路运输服务业	○	○	○	○	○
铁路运输服务业	○	○	○	○	○
航空运输服务业	○	○	○	○	○
海上运输服务业	○	○	○	○	○
仓储及货物装载派送业	○	○	○	○	○
货物转运公司	○	○	○	○	○
海关报关行	○	○	○	○	○
质量/标准检查机构	○	○	○	○	○
卫生/动植物卫生标准监督机构	○	○	○	○	○
报关行	○	○	○	○	○
海关机构与贸易及运输有关的协会	○	○	○	○	○
托运及收货	○	○	○	○	○

20/33 请评估您所工作国家(美国)在以下方面的**效率**:

	几乎不能	很少能	有时能	经常能	几乎总是
进口的货物是否能够按照预定时间清关并运达？	○	○	○	○	○
出口的货物是否能够按照预定时间清关并运走？	○	○	○	○	○
海关的清关程序是否透明？	○	○	○	○	○
.其他边境机构的清关过程是否透明？	○	○	○	○	○
规则变化时，您能够及时准确地收到有关信息吗？	○	○	○	○	○
平时表现较好的商家是否能得到加快结关的待遇？	○	○	○	○	○

21/33 请评估在您所工作的国家(美国)以下情况发生的频率:

	几乎总是	经常能	有时能	很少能	几乎不能
是否曾因被迫将货物存放在海关而延误了运送?	○	○	○	○	○
是否曾因被迫将货物存放在海关或转运而延误了运送？	○	○	○	○	○
是否曾因货物海上转船而延误了运送？	○	○	○	○	○
犯罪活动（如货物被盗）	○	○	○	○	○
物流活动中腐败的发生机率	○	○	○	○	○

22/33 请评估您所工作的国家(美国)2013年以来在以下方面的变化情况:

	大大退步	退步	基本不变	好转	大大好转
海关清关手续	○	○	○	○	○
其它与进出口有关的政府部门的手续	○	○	○	○	○
贸易和运输基础设施的质量	○	○	○	○	○
通讯和信息技术基础设施和服务质量	○	○	○	○	○
私营物流服务商的服务质量	○	○	○	○	○
物流规章制度体系	○	○	○	○	○
物流活动中腐败的发生机率	○	○	○	○	○

23/33 请评价以下四类从业人员的素质

	很低	低	一般	高	很高
物流操作人员/蓝领：例如卡车司机，搬运工	○	○	○	○	○
物流行政管理人员：例如流量规划人员，稽查员，仓库工作人员	○	○	○	○	○
物流管理人员：例如仓库排班管理人员，流量控制人员	○	○	○	○	○
物流经理人：例如负责交通，仓库运行，供应链的人员	○	○	○	○	○

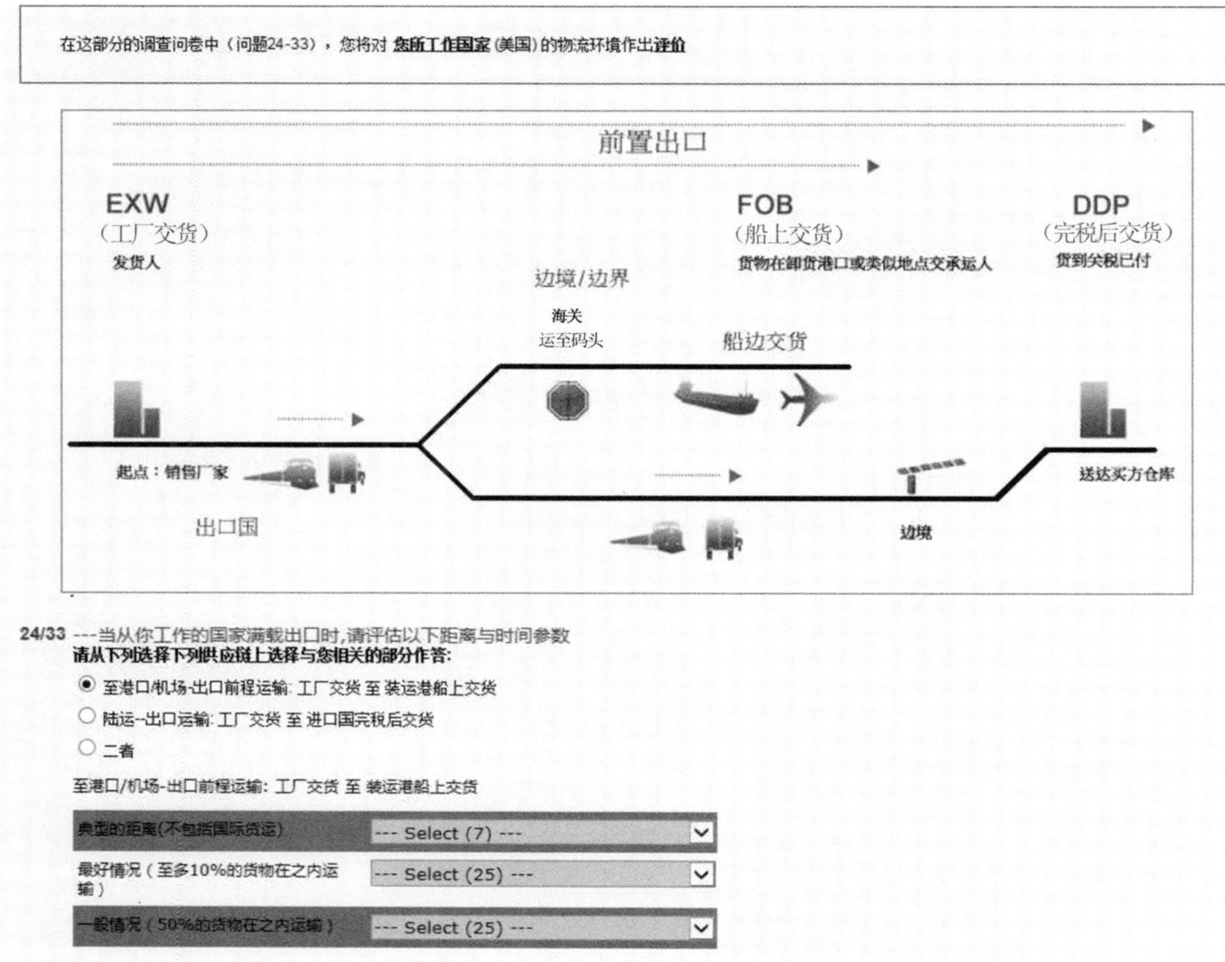

在这部分的调查问卷中（问题24-33），您将对 **您所工作国家** (美国) 的物流环境作出**评价**

24/33 ---当从你工作的国家满载出口时,请评估以下距离与时间参数

请从下列选择下列供应链上选择与您相关的部分作答:

- ◉ 至港口/机场-出口前程运输: 工厂交货 至 装运港船上交货
- ○ 陆运--出口运输: 工厂交货 至 进口国完税后交货
- ○ 二者

至港口/机场-出口前程运输: 工厂交货 至 装运港船上交货

典型的距离(不包括国际货运)	--- Select (7) ---
最好情况（至多10%的货物在之内运输）	--- Select (25) ---
一般情况（50%的货物在之内运输）	--- Select (25) ---

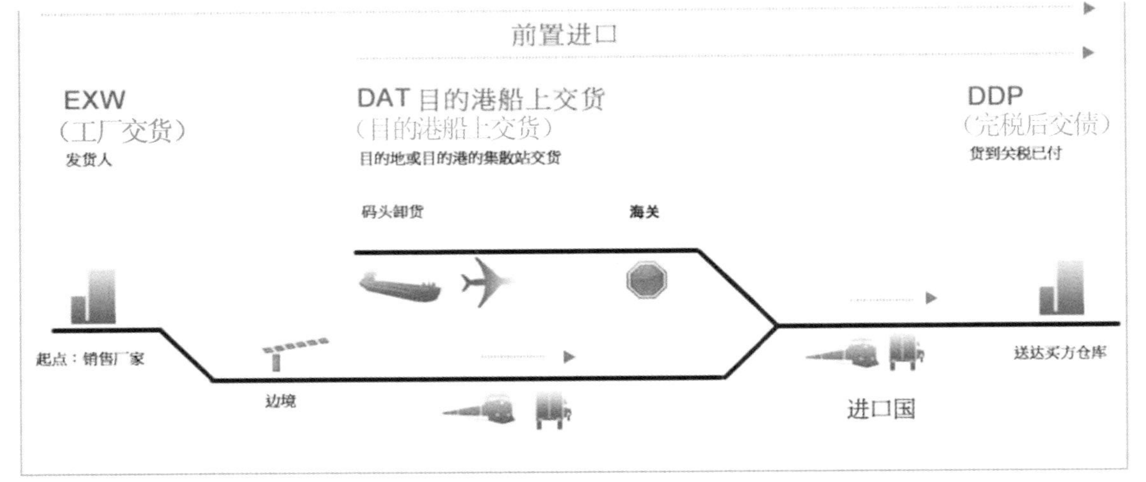

25/33 ---当向你工作的国家满载进口时，请评估以下距离与时间参数
请从下列选择下列供应链上选择与您相关的部分作答：

○ 从港口/机场--进口转运输 目的地或目的港的集散站交货 至 进口国完税后交货
◉ 陆运 -- 进口运输：工厂交货至进口国完税后交货
○ 二者

从港口/机场 -- 进口转运输：目的地或目的港的集散站交货至进口国税后交货

---典型的距离(包括国际货运)	--- Select (7) ---
最好情况（至多10%的货物在之内前段运输	--- Select (25) ---
一般情况（50%的货物在之内前段运输）？	--- Select (25) ---

26/33 作为物流服务提供商，您是否保存为客户所提供服务程度的数据？如果有，进口货物至(美国)达到质量标准可以送达收货人的情况占多大百分比？

--- 选择 ---

27/33 在您所工作的国家（美国），办理以下业务**通常**需要经过包括海关在内的多少个政府部门？

进口	--- Select (11) ---
出口	--- Select (11) ---

28/33 在您所在的国家，一般需要提交多少份表格以完成清关手续？

进口	--- Select (11) ---
出口	--- Select (11) ---

29/33 从海关进口在(美国)接受报关文件到收到清关通知**平均**需要多久？

不需实地检验	--- Select (24) ---
需要实地检验	--- Select (24) ---

30/33 在您所工作的国家，**海关**主要采用何种方式确定是否需要实地检验货物？

	是	否	不相关	不知道
自动风险评估	○	○	○	○
检验员裁定	○	○	○	○

31/33 平均而言，您的进口货物被物理查验（不包括X-射线和扫描）的百分比？(美国)

--- 选择 ---

32/33 在您所工作的国家，被检验不只一次的货物占多大比例？

--- 选择 ---